新商务汉语教程

New Business Chinese Reading and Writing (I)

新商务汉语
阅读与写作教程

哈嘉莹 编著

（上册）

清华大学出版社
北京

内 容 简 介

本书是为具备一定汉语基础的留学生编写的阅读与写作教材。所选阅读材料来自大众经济生活,包含多种汉语写作常用文体,并配合商务实用文体写作,再加以丰富的阅读与写作练习,全面提高使用者的汉语水平。欲了解中国社会经济情况的汉语学习人士、预备学习财经类专业或已在此专业学习的留学生、预备从事经贸行业的外国来华人士亦可使用本书。

图书在版编目(CIP)数据

新商务汉语阅读与写作教程. 上册/哈嘉莹编著. --北京:清华大学出版社,2014(2024.9重印)
(新商务汉语教程)
ISBN 978-7-302-37785-6

I.①新… II.①哈… III.①商务-汉语-阅读教学-对外汉语教学-教材 ②商务-汉语-写作-对外汉语教学-教材 IV.①H195.4

中国版本图书馆 CIP 数据核字(2014)第 191216 号

责任编辑:纪海虹
封面设计:傅瑞学
责任校对:王凤芝
责任印制:刘 菲

出版发行:清华大学出版社
　　　　网　　　址:https://www.tup.com.cn, https://www.wqxuetang.com
　　　　地　　　址:北京清华大学学研大厦 A 座　　　　　　邮　　编:100084
　　　　社 总 机:010-83470000　　　　　　　　　　　　邮　　购:010-62786544
　　　　投稿与读者服务:010-62776969, c-service@tup.tsinghua.edu.cn
　　　　质量反馈:010-62772015, zhiliang@tup.tsinghua.edu.cn
印 装 者:三河市君旺印务有限公司
经　　销:全国新华书店
开　　本:210mm×285mm　　　　　印　　张:17.75　　　　字　　数:246 千字
版　　次:2014 年 9 月第 1 版　　　　　印　　次:2024 年 9 月第 2 次印刷
定　　价:55.00 元

产品编号:057119-02

编写说明

《新商务汉语阅读与写作教程（上册）》是为具备一定汉语基础的留学生编写的阅读与写作教材，凡已完成半年至一年汉语学习的汉语学习者，尤其是欲了解中国社会经济情况的汉语学习人士、预备学习财经类专业或已在此专业学习的留学生、预备从事经贸行业的外国来华人员，均可使用本教材。

一、编写原则

1. 选材兼顾趣味性与实用性

本教材所选材料均为贴近日常生活、为学生所熟悉的大众经济。包含多种汉语写作常用文体，并配合商务实用文体写作。

2. 将阅读与写作紧密衔接，全面提升阅读写作能力

本教材中的课文既是阅读材料也是一篇独立的范文。教材对每一篇课文都进行阅读指导，并将阅读指导具体到词语、句型、篇章，将篇章细化拆分为开头、中间、结尾三个部分精读。同时在课后的写作训练上，也是遵循从词语到句型再到篇章的顺序，将一篇文章拆分为开头、中间、结尾三个部分分别练习。形成阅读训练与写作训练的有效统一。

3. 练习部分使用写作模板训练，循序渐进培养学生的汉语写作思维

本教材在练习部分使用写作模板训练。写作模板由句型模板和篇章模板构成，分别从开头、中间、结尾三

个部分练习，与课文的阅读训练相统一。写作模板将各种写作文体的具体措辞、句型、整体语篇结构进行总结，有意识地传达给学生，逐渐构建起学生的汉语写作思维。

二、教材体例

1. 编排情况

本教材共五个单元，一个单元为一种汉语写作文体，汉语写作文体在编排上本着由易到难、循序渐进的原则。

2. 单元内容

每个单元包括相同文体而写法不同的若干篇课文和一个单元练习。每篇课文前都列出相应课文的生词及其拼音。单元练习部分是商务汉语实用文体写作，也是对各单元写作练习的有效补充。

3. 使用方法

本教材在每一篇课文之前都配有课前预习，建议学生课前预习。

阅读指导部分的相关句型需要教师讲解之后再做造句练习。

对于写作模板的使用，建议教师将学生进行分级，汉语水平较低者，可以直接使用模板写作；对于汉语水平较好的同学，在每一种文体的写作模板框架内，可以有选择地挑选对自己有用的表达句式，自己的表达可以占很大的比例；对于已经具备了相当高的汉语水平，对汉语写作充满信心的学生，写作模板起到的是对写作思路与篇章结构的提醒作用，学生需要的是在语言表达与语法规范上的提高。要求教师针对写作的开头、中间、结尾部分做具体详细的指导，包括每一个部分的写作格式、语法规范、标点符号、使用句型以及具体的写作内容。在写作模板训练的过程中，教师决不是旁观者，而是一个积极的参与者与引领者。写作模板不能代替教师的指导作用，更不能让学生死记硬背写作模板，完全让写作模板去指导学生的写作。

编　者

2014年6月

目录

UNIT **1**

第一单元　财经人物

 课前预习

1. 通读整篇文章，了解课文的大意即可。

2. 你怎么看杰克·韦尔奇？

第一课

通用之神杰克·韦尔奇

词汇解释

貌不惊人	mào bù jīng rén	长相一般，没有什么特别的地方。
稀疏	xī shū	不多，比较少。
市价	shì jià	市场价格。
释放	shì fàng	放出来。
辞职	cí zhí	请求解除自己的职务。
不妥	bù tuǒ	不太合适。
统帅	tǒng shuài	领导。
深明大义	shēn míng dà yì	非常明白道理。
并购	bìng gòu	用购买的方式兼并。
言之有理	yán zhī yǒu lǐ	说得有道理。
功成名就	gōng chéng míng jiù	功业建立了，名声也有了。

课文分析

文章开头部分

　　走在纽约的大街上，杰克·韦尔奇是那样的**貌不惊人**。他不过是一位头发**稀疏**的小老头儿，然而却创造了当代工业的一个奇迹，他在1981年坐上通用公司第一把交椅后，领导着世界各地的通用员工，使通用股票**市价**在20年间上涨了近24倍，由原先的120亿美元涨到今天的2800亿美元。

▼阅读指导

　　1. 文章开头部分主要写的是什么？

2. 通过阅读开头部分，你怎样评价杰克·韦尔奇？

相关句型

他在××年……以后，……，使……

文章中间部分

杰克·韦尔奇 1935 年 11 月 19 日生于美国马萨诸塞州萨兰姆市。在少年时代的韦尔奇身上，似乎看不到日后 CEO（首席执行官）的影子。在运动队中，他几乎是整个球队中最弱小的一个。读小学的时候，韦尔奇曾当过篮球队的后卫，那时他的个头儿只有其他队员的四分之三高。他还有口吃症，而且似乎根除不掉。有时候他的口吃会引出不少笑话。点一份金枪鱼三明治，女服务员准会端来双份而不是一份，因为她听到的是"两份金枪鱼三明治（tu-tuna sandwiches）"。幸运的是，韦尔奇有一位了不起的母亲，她对韦尔奇的成长起了很大的作用。虽然她从来没有管理过任何人，但是她知道如何去培养一个人的自尊心。他的母亲，总会为他的口吃找一些完美的理由。她会说："这是因为你太聪明了。没有任何一个人的舌头可以跟得上你这样聪明的脑袋瓜。"这使韦尔奇充分相信：他的大脑比他的嘴动得快。也许母亲给他的最伟大的一件礼物就是自信心。自信心给了他勇气，它能充分**释放**人的能量，它可以让人承受更大的风险并能获得比想象的更为辉煌的成功。

阅读指导

1. 这一部分写的是杰克·韦尔奇一生当中的哪一个时期？
2. 这一时期的杰克·韦尔奇的特点是什么，写了哪些事件表现他的特点？

相关句型

在少年时代的×××身上，似乎看不到日后……的影子。

韦尔奇于 1957 年获得马萨诸塞州大学化学工程学士学位，1960 年获得伊利诺伊大学化学工程博士学位。1961 年，25 岁的韦尔奇加入通用电气（GE）公司塑胶事业部。他工作非常努力，对每件事都完成得很出色。当年年底，老板加薪，他满以为会大有收获，谁知竟与周围同事所得完全一样。老板采用的平均分配方法，深深激怒了年轻的韦尔奇，他立即提出**辞职**。也许是老板意识到处理方法的**不妥**，便竭力劝说他留下，这才使通用公司没有失去日后这位**统帅**。但是，公司赏罚不明的确会影响员工情绪。这件事，给韦尔奇留下了深刻的印象。

阅读指导

1. 这一部分写的是杰克·韦尔奇一生当中的哪一个时期？
2. 这一时期的杰克·韦尔奇的特点是什么，用了哪些事件表现他的特点？

相关句型

×××于×××年获……学位，×××年，×××加入到……（工作）

1981 年，在通用工作了 20 年的韦尔奇出任行政总裁。韦尔奇一上任，首先进行公司人事制度改革。他提出了"四件羊毛衫理论"，那就是谁穿了四件羊毛衫，都会感觉不到外界的温度，公司也是如此。为了能知冷暖，公司必须"脱下羊毛衫"，这样领导者才能了解真实的情况。就此，公司 9 个管理层被缩减为 4 个。理顺上层关系后，韦尔奇将目光转到生产第一线，他提出"质量是企业生存之本"一说，从生产的每一个环节严格控制不合格产品的出现。他还明确提出了通用公司要给予职工尊严的口号。韦尔奇用各种途径和方法倾听员工的意见，并逐步加强对公司员工家庭和子女的生活照顾，如聘请专业人才辅导员工家属、子女的各类技能学习等。韦尔奇的改革得到公司员工家属的大力支持。在 1.6 万份员工的调查问卷中，94% 的人认为公司能给广大员工带来幸福。有民意支持，再加上通用董事会的**深明大义**，韦尔奇更大胆地放手完成自己的改革设想。

阅过改革大关的韦尔奇，又在国际市场竞争中展露身手。在以往的 20 年中，他一手导演了全球 600 多家公司的**并购**行动，例如对美国广播公司、哈尼威尔复印公司等的收购。通用的生意越做越大,利润越来越丰厚。在韦尔奇当政的20年中,通用股票每年回报率是20%,这在世界上任何一家企业都是少有的,韦尔奇由此成为通用股票持有者心中的神,并被称为20世纪最优秀的管理者之一。对此,韦尔奇很清醒,他常说的一句话就是,通用是一个团队,天下"没有一个人可以取得这么大的成就"。

在确立每年裁员20%的方针以后,韦尔奇还建立了一套"出谋划策"体系,提倡通用的员工为企业提建设性意见,小到伙食,大到公司业务发展,只要**言之有理**,言之有据,他一定亲自过问落实。因此,在世界经济的剧变中,通用公司20多年的业务,始终保持着两位数的增长。

阅读指导

1. 这几个自然段写的是杰克·韦尔奇一生当中的哪一个时期?

2. 这几个自然段分别写了哪些事来表现杰克·韦尔奇?

相关句型

1. ×××用各种途径和方法……,并逐步加强……

2. 在确立……以后,×××还……,提倡……

文章结尾部分

65岁的韦尔奇马上就要退休了,他当前最大的愿望是继任者能用新的眼光去观察、革新、解决他没有解决的种种问题。他说:"这表明接班人是将自己的命运与公司连在一起,在为公司的事业而奋斗。"作为一个成功的经营者,韦尔奇在**功成名就**时退隐,他用过来人的经验告诉我们,命运或许不是我们自己可以决定的,但却是我们可以把握的。

阅读指导

文章在结尾部分做了怎样的总结?

相关句型

作为一个……，他用过来人的经验告诉我们，……

阅读总结

在教师的指导下，和你的同桌讨论，写出这篇文章的写作提纲。

要点讲解

一、写人的记叙文（1）

写人的记叙文，是以人物为中心，通过对与人有关的事件的叙述来表现人。本文是按人物成长的时间顺序叙述的。

二、汉语句子的基本成分及正常的语言顺序（1）

汉语句子有六种基本成分，分别是：主语、谓语、宾语、定语、状语、补语。它们在句子中的排列是这样的：

主语部分		谓语 部 分				
（定语）	主语	（状语）	谓语	（补语）	（定语）	宾语
	老板		加薪。			
	韦尔奇		是		当代工业的	一个奇迹。
	韦尔奇	更大胆地	完成		自己的	改革设想。
韦尔奇的	改革设想		得到		公司员工家属的	支持。
他的	朋友	每星期	打	两次		乒乓球。
这条	河		很干净。			

三、汉语常用的标点符号（1）

1. 逗号（，）

表示一句话中间的停顿。

例如

1）只要努力学习，就一定能取得好成绩。

2）这篇小说写得太好了，我连续看了三遍。

3）因为天气很恶劣，所以我不能出门。

2. 句号（。）

表示陈述句完了之后的停顿。

例如

1）我们在北京学习汉语。

2）桌子上放着一本书。

3）在老师和同学们的帮助下，他的汉语进步很快。

3. 问号（？）

表示疑问句末尾的停顿。

例如

1）你是不是住在一楼？

2）现在几点了？

3）你怎么连这么简单的字也不会写了？

4. 感叹号（！）

表示感叹句末尾的停顿。

例如

1）今天的天气真好！

2）我多么想念我的父母啊！

3）快去找医生！

5. 顿号（、）

表示一句话中并列词语之间的停顿。

例如

1）她是一个美丽、健康、活泼的姑娘。

2）好大的雪啊！那山川、河流、树木、房屋，都被覆盖上了。

3）他的画表达了他努力学习、为国争光的决心。

课堂读写练习

04

一、仔细阅读下面一段材料，提炼材料的内容，用后面给出的模板写成一篇200字左右、能体现出人物成长时间顺序的小作文。

写作材料

沃伦·巴菲特是一位伟大的投资家，他依靠股票、外汇市场的投资，成为世界上数一数二的富翁。

1930年8月30日，沃伦·巴菲特出生于美国内布拉斯加州的奥马哈市，从很小的时候他就有投资意识。他五岁时就在自己的家中卖口香糖。稍大后他带领小伙伴到球场捡有钱人用过的高尔夫球，然后转手倒卖，生意颇为红火。上中学时，除利用课余时间做报童外，他还与伙伴合伙将游戏机出租给理发店老板，挣取外快。1941年，刚刚11周岁，他便购买了平生第一张股票。

1947年，沃伦·巴菲特进入宾夕法尼亚大学攻读财务和商业管理。1951年，21周岁的巴菲特获得了哥伦比亚大学经济硕士学位。1962年，巴菲特将几个合伙人企业合并成一个"巴菲特合伙人有限公司"，"巴菲特合伙人有限公司"的资本达到了 720 万美元，其中有 100 万美元是属于巴菲特个人的。1966 年春，美国股市牛气冲天，但巴菲特却发现很难再找到符合他的标准的便宜股票了。虽然股市上风行的投资给投机家带来了横财，但巴菲特却不为所动，因为他认为股票的价格应建立在企业业绩成长而不是投机的基础之上。1968 年，巴菲特公司的股票取得了它历史上最好的成绩：增长了 46%，而道·琼斯指数才增长了 9%。巴菲特掌管的资金上升至 1.04 亿美元，其中属于巴菲特的有 2500 万美元。1972 年，巴菲特又盯上了报刊业，因为他发现拥有一家名牌报刊，就好似拥有一座收费桥梁，任何过客都必须留下买路钱。1973 年开始，他偷偷地在股市上蚕食《波士顿环球》和《华盛顿邮报》，他的介入使《华盛顿邮报》利润大增，每年平均增长 35%。10 年之后，巴菲特投入的 1000 万美元升值为两亿美元。

在投资方面取得巨大成绩之后的巴菲特又转向了公益事业。2006 年 6 月 25 日，沃伦·巴菲特在纽约公共图书馆签署捐款意向书，正式决定向 5 个慈善基金会捐出其财富的 85%，约合 375 亿美元。这是美国和世界历史上最大的一笔慈善捐款。巴菲特的子女将继承他财产的部分，比例并不会太高。这与巴菲特过去一再表示，不愿意让大量财富代代相传的想法是相当一致的。巴菲特曾表示："我想给子女的，是足以让他们能够一展抱负，而不是多到让他们最后一事无成。"

沃伦·巴菲特的成功，使得他倡导的"价值投资"理论风靡世界。"价值投资"并不复杂，巴菲特曾将其归结为三点：把股票看成许多微型的商业单元；把市场波动看作你的朋友而非敌人；购买股票的价格应低于你所能承受的价位。掌握这些理念并不困难，但很少有人能像巴菲特一样数十年如一日地坚持下去。巴菲特似乎从不试图通过股票赚钱，他购买股票的基础是：假设次日关闭股市、或在五年之内不再重新开放。在价值投资理论看来，一旦看到市场波动而认为有利可图，投资就变成了投机，没有什么比赌博心态更影响投资了。

◤ 写作模板（按人物成长的时间顺序介绍人物）

（文章开头1）

×××生于_____（时间），是_____（国籍）的_____（职业、身份）。×××是_____领域的杰出人物。

（文章开头2）

×××是一个_____（表示相貌的词）的人／×××_____（简单地描写外貌）。他是_____（公司、企业名称）的_____。_____（公司、企业名称）取得的成绩是令人瞩目的。正是×××在_____年的时间里，通过_____使_____（公司、企业名称）从一家小企业／公司发展成为_____。

（文章开头3）

如果你不知道×××，那一定听说过_____（公司、企业的名称），或者你现在正在用着这家公司的产品。×××就是这家公司的_____。要想了解他的情况，让我们从他的童年说起。

（文章中间部分1）

×××相信他的成功之路全凭成长过程中的逆境对自己意志的磨炼，这使×××受益匪浅。×××的少年时期条件十分艰苦，_____（可以具体说明）。_____年，×××就开始工作了，他先是在_____工作了_____年。后来又去了_____。

_____年，×××开始投资做_____。他深知：为了_____，必须_____，这样才能_____。因此他的商业策略是_____（做具体说明）。

×××所采取的一系列措施，为他带来了丰厚的利润。他所创建的

_____（公司或企业的名称）已成为_____。

（文章中间部分2）

_____年，×××出生在_____。/_____年，×××出生于一个_____家庭。他的家庭对他影响很大，特别是_____（父亲、母亲）的教育，使他终生受益。在童年时代的×××身上，似乎看不到日后_____的影子。童年时的×××_____（性格、生理特点或缺点）。_____（父亲、母亲）就告诉他_____。这使他_____。

_____年，×××进入_____大学学习。_____年，他又获得_____大学的硕士/博士学位，于_____年进入（公司/企业/机关名称）工作。

在_____（公司/企业/机关名称）工作期间，×××一直很努力，很快得到了提升。_____年，他开始出任_____（公司/企业/机关名称）的_____。这一年，×××开始了他在_____（公司/企业/机关名称）的一系列的改革，×××用各种途径和方法_____，并逐步加强_____。其中，_____的改革成效最为显著，也为_____带来了声誉。_____（做具体说明）。

（文章中间部分3）

×××的童年是在_____度过的，童年时的×××是个_____的孩子。童年时发生的一件事对×××的将来影响很大。_____（叙述事件）。

×××年，×××进入_____大学。×××年，×××大学毕业后的×××开始从事他做了一生的_____业。

在他的职业生涯中，最值得一提的是×××年，这一年_____（详细叙述）。

（文章结尾1）

这就是×××的传奇经历，从他的身上我们看到了_____、_____这些属于成功者的优秀品格，这对我们人生的成功很有启发。

（文章结尾 2）

　　×××的职业生涯在××××年画上了句号。然而，他并没有停止下来，接下来他又致力于_____。这同样是一项有意义的事业，这是我们看到的除了_____外，×××的另一面。

写作指导

1. 文章的题目。除了下面给出的文章题目外，你还能想出别的吗？请将你选定的题目写到稿纸的正确位置。

　　A. 成功的投资家沃伦·巴菲特_____

　　B. "股神"沃伦·巴菲特_____

　　C. _____

　　D. _____

　　E. _____

2. 文章的开头。请从所给出的三种开头方式中选择一种，你也可以把三种开头的方式综合在一起使用，选择模板中对你有用的表达，有一些句子可以不要。例如：

　　沃伦·巴菲特生于1930年，是美国的著名投资家。沃伦·巴菲特是投资领域的杰出人物。要想了解他的情况，让我们从他的童年说起。

3. 文章的中间部分。请从所给的材料部分概括出文章中间部分所需的内容，结合模板所提供的表达方式写出文章的核心内容。注意不用展开，每个事件用一句话概括即可。例如：

　　童年时的巴菲特就具有投资意识。1951年，21周岁的巴菲特获得了哥伦比亚大学经济硕士学位。1966年春，美国股市牛气冲天，但巴菲特却不为所动。他深知：为了取得好成绩，股票的价格必须建立在企业业绩成长上。

　　在他的职业生涯中，最值得一提的是1968年，这一年_____（详细叙述）。

4. 文章的结尾。请从所给出的两个模板的结尾中选择一种，你也可以把三种结尾的方式综合在一起使用。

二、将下列词语按正确的语序进行排列。

（1）工作　非常　努力　他　都　很出色　对每件事　完成得

（2）成为一座城市　北京　有三千年的　大概　历史了

（3）去　我们　五台山　按原计划

（4）很幸运　能到山上　我们　享受清新的空气

（5）天安门广场　北京市中心的　我们　参观　位于

三、给下面两段话加上标点。

（1）看上去我们像是给树枝帮了个小忙（　　）但不知是否越帮越忙呢（　　）下到山脚下（　　）雪人已堆好（　　）圆圆的头上插着一小撮松叶（　　）眼（　　）鼻（　　）嘴由树枝组成（　　）雪人像披上了披肩静静地眺望着远方（　　）

（2）两千年前的巨大工程——万里长城（　　）在北京郊外绵延数百里（　　）是中国古代一项伟大的建筑工程（　　）在浓浓的秋色中（　　）看一看如诗如画的长城景致（　　）真是美的享受啊（　　）

四、阅读课文，选择正确的答案。

（1）韦尔奇是在哪一年踏进通用公司的大门的：_____

　　A. 1971 年。　　B. 1981 年。　　C. 1961 年。　　D. 1951 年。

（2）公司"脱下羊毛衫"是为了：_____

　　A. 并购多家公司。

B. 因为天气太热。

C. 领导者才能了解真实下情。

D. 可以感觉到外界的真实温度。

（3）下面的哪些事体现了韦尔奇对公司员工家庭和子女的生活照顾：_____

A. 聘请专业人才辅导员工家属、子女的各类技能学习等。

B. 给予职工尊严。

C. 每年裁员。

D. 提倡员工人人为企业提建设性意见。

（4）在本文中，韦尔奇建立了一套"出谋划策"体系，目的是：_____

A. 改善公司伙食。

B. 改善公司业务。

C. 提倡通用的员工为企业提建设性意见。

D. 20多年的业务，始终保持着两位数的增长。

（5）韦尔奇成为通用股票持有者心中的神是因为：_____

A. 通用公司并购了全球600家公司。

B. 在韦尔奇当政的20年中，通用的股票每年的回报率是20%。

C. 韦尔奇提出质量是企业生存之本。

D. 韦尔奇刚刚上任就首先进行公司人事制度改革。

 课后写作

05

按照人物成长的时间顺序写一篇介绍人物的记叙文。你写的人物可以是财经领域的人物，也可以是身边熟悉的人物，尽量脱离写作模板，尝试自己列提纲写作。

_____

_____

第一单元　财经人物

UNIT **1**

课前预习

1. 在课文中找一找，张瑞敏都说了哪些话，做了哪些事？

2. 通过张瑞敏的言行，你认为张瑞敏都有哪些特点？

第二课

海尔CEO张瑞敏

新商务汉语阅读与写作教程

 词汇解释

从容	cóng róng	不慌不忙，镇静沉着。
哲理	zhé lǐ	包含着社会人生的道理。
反响	fǎn xiǎng	反应。
抱怨	bào yuàn	诉说心中的不满。
白薯	bái shǔ	甘薯的通称，一种可食用的植物。（英文：sweet potato）
课题	kè tí	生产技术上或科学研究上需要讨论或解决的问题。
适销对路	shì xiāo duì lù	指商品适合市场需要，卖得快。
世界贸易组织	shì jiè mào yì zǔ zhī	简称世贸组织（WTO）。全球性的贸易组织。主要职责是规范、协调、促进世界范围内的贸易活动，消除关贸壁垒，降低关税，处理贸易纠纷等。1995 年 1 月 1 日成立，总部设在日内瓦。
跨国公司	kuà guó gōng sī	也叫多国公司，指通过直接投资、转让技术等活动，在国外设立分支机构或与当地资本合股拥有企业的国际性公司。
威胁	wēi xié	用威力逼迫使人屈服。
净土	jìng tǔ	指没有受到污染的干净地方。
赤字	chì zì	在经济活动中支出多于收入的差额数字。一般在簿记上登记这种数目时，用红笔书写。

品牌	pǐn pái	一个名称、标志或象征，可以用来代表某种产品或服务，使它能与其他产品或服务区别开来。
优势互补	yōu shì hù bǔ	为了补充不足的地方，互相把各自的长处集中在一起。
销售渠道	xiāo shòu qú dào	商品在市场上的销售途径。
拓展	tuò zhǎn	开辟发展。
运抵	yùn dǐ	运送到。
逆向	nì xiàng	相反的方向。
抵触	dǐ chù	与另一方有矛盾。
非关税壁垒	fēi guān shuì bì lěi	又称非关税贸易壁垒。指发达国家除关税以外的各种限制商品进口的措施。
昭示	zhāo shì	表明、表示。

课文分析

文章开头部分

　　张瑞敏每一次到日本，都会以他的远见卓识在日本刮起程度不一的海尔旋风。在前不久由日本经济新闻社举办的"亚洲的未来"国际交流会上，张瑞敏以他从容的风度、充满哲理的语言论述了中国家电市场和海尔集团的创新发展战略，在几百名听众中引起了强烈的反响。

阅读指导

　　1. 文章开头在写法上有什么特点？

　　2. 找一找在开头的部分用了哪些词描写张瑞敏？

新商务汉语阅读与写作教程

相关句型

1. ×× 以……在……刮起……旋风。

2. ××× 以他的……，在……引起了强烈的反响。

文章中间部分

张瑞敏说，在激烈的市场竞争中，企业要赶在别人否定自己之前先否定自己，如果你不能不断地自我否定，就不可能取得进步。那么，怎样去否定呢？张瑞敏举例说，1997 年 10 月份，他到四川出差，听到用户**抱怨**说，海尔的洗衣机不好，下水管老堵。经了解，原来是有些农民经常用洗衣机来洗**白薯**，有时泥沙就把洗衣机的排水管给堵了。回到厂里后，张瑞敏就把这事讲给大家听，一些人觉得这是笑话，说重要的问题是告诉农民如何使用洗衣机。但张瑞敏不这么看，他说："用户的需求就是我们的**课题**。"并指示进行技术研究，帮助农民解决洗白薯这个问题。后来，海尔公司开发出了洗白薯机，构造其实很简单，把下水管加粗就是了。他说，这件事给人一种启示，有些事情技术上并没有什么难度，就是观念问题。中国市场那么大，完全可以创造出个性化的需求。这就需要不断地否定旧的，只有这样，才能创造出新的需求。

阅读指导

1. 这一自然段中，张瑞敏的言行是什么？

2. 和同桌讨论一下，把这一段中张瑞敏的言和行分别用两句话概括出来。

相关句型

××× 说 / 认为……

关于成功的秘诀，张瑞敏说除了产品要**适销对路**、有个性外，企业必须重视市场、尊重市场。他说，他爱逛商店，主要是逛和他的企业有关的商店。东京的秋叶原就是他在会议期间抽空常去的地方。他到了那里，就是看电器商品，看人家有什么新的花样、新的技术，听日本用户对海尔产品的反映。这就是张瑞敏经常强调的以市场为导向的经营思路。

📖 **阅读指导**

1. 这一自然段中，张瑞敏的言行是什么？
2. 和同桌讨论一下，把这一段中张瑞敏的言和行分别用两句话概括出来。

关于中国企业如何应对加入**世界贸易组织**的挑战，张瑞敏自有他的一套见解。他说，中国面临**跨国公司**的**威胁**，有些国家说经济发展了的中国是威胁，实际上他们是搞反了。站在民营企业的角度，在中国加入世界贸易组织以后，企业方面感受到的是来自外国公司的压力。随着经济全球化，跨国公司已经在全球有了布局，中国是最后一块**净土**了。相对于跨国公司，中国走出去就很难。

📖 **阅读指导**

1. 这一自然段中，张瑞敏的言行是什么？
2. 和同桌讨论一下，把这一段中张瑞敏的言和行分别用两句话概括出来。

📖 **相关句型**

关于……，×× 自有……

他说，中国加入世贸组织后，许多跨国企业将参与到中国市场来，销售竞争将加剧，产品的价格也将降低。许多中国企业将出现**赤字**，对没有竞争力的中国企业来说，今后只有同多国企业联手或者接受外国企业的委托生产。这就是说，加入世贸组织后，中国的家电市场会发生很大的变化。随着外企的进入，国内的一些地区的品牌可能会在一两年里消失，只有少数**品牌**才能得以生存，而失去品牌的企业只能为外企打工。

阅读指导

1. 这一自然段中，张瑞敏的言行是什么？

2. 和同桌讨论一下，把这一段中张瑞敏的言和行分别用两句话概括出来。

相关句型

对××来说，今后……

　　张瑞敏说，世界很大，我们必须走出去，去开拓新的市场。同时也要看到，世界就这么大，市场是有限的，就需要设法同其他企业进行**优势互补**、资源共享的合作。海尔与日本三洋公司的合作就出自这一思路。在中国，三洋通过海尔集团的销售网点和服务中心推销三洋的电子产品。在日本，海尔通过三洋的**销售渠道**，推销电冰箱和洗衣机等。这种**拓展**彼此市场的合作模式对双方都有利。他说，目前海尔正在同三菱重工、中国台湾的声宝和法国的汤姆森等公司进行类似合作的谈判，与中国台湾声宝公司的合同已签订，海尔的第一批产品已经**运抵**台湾。除了使产品走向市场外，也要让生产点走出国门。张瑞敏说，目前世界各国企业都看好中国市场，纷纷到中国投资。海尔却是**逆向思维**，时刻在考虑我们到海外去办厂，搞当地生产、当地销售。面对中国加入世贸组织和网络化的到来，国内企业的国际化成为一个现实的课题，国际化就是当地化，当地化可以缓解国内企业进入国际市场的三个难题，这就是消费者对外来品牌的**抵触**心理、进入国的**非关税壁垒**和国际商务人才的不足。海尔国际化及当地化的做法是：当地设计、当地制造、当地销售、当地融资和当地融智。

　　海尔在美国的洛杉矶建立了设计中心，在南卡州建立了生产工厂，在纽约建立了营销公司，三位一体，形成当地化的海尔。其雇员也是美国人。几年前，海尔的产品出口美国，美国农业部每两年提高一次检测标准。如何对付非关税壁垒，谁也说不清。于是海尔就在当地生产，使用当地原料、当地人才，非关税壁垒也就失去了它的效用。张瑞敏说，中国的一些企业，不走出去必死无疑，但是走出去可能失败，也可能成功。"与狼共舞"可能变成狼；而与羊为伍，则永远是羊。

海尔集团还花了 1400 万美元将位于美国曼哈顿百老汇大街的那座典型的罗马式建筑格林尼治银行大楼购于自己的名下。他说，这等于买下了一座广告塔，胜过多少电视广告。它向世人有力地**昭示**：中国海尔的产品质量可靠，世界一流。

阅读指导

这三个自然段是围绕同一个问题的言行，请你概括一下是什么。

相关句型

……。同时也要看到，……

文章结尾部分

在张瑞敏身上，我们看到了中国新一代企业家的形象，他们既能眼观六路、耳听八方，又能脚踏实地、刻苦钻研，制订出切实可行的规划，从而创造出一个又一个奇迹。在他们身上，我们看到了中国企业光明的未来。

阅读指导

文章结尾是怎样总结的？

相关句型

在×××身上，我们看到……的形象，他们既……又……

阅读总结

在教师的指导下，和你的同桌讨论，写出这篇文章的写作提纲。

要点讲解
03

一、写人的记叙文（2）

本篇文章是通过记叙人物的言行从侧面突出人物。

二、汉语常用的标点符号（2）

1. 分号（；）

用来表示复句内部并列分句之间的停顿。

例如

1）考试委员会对陈伊玲有两种意见：一种认为从两次考试看出陈伊玲的声音极不稳固，不扎实，很难造就；另一种则认为应该给她机会，让她再试一次。

2）爆竹，它能发射到高空去；花炮，它能放出美丽的火花。

3）驾驶者之车——宝来，体现动力性；中华，从内到外都体现尊贵气质；而 Polo、派力奥、西耶那更燃起了年轻家庭的购买热情；福美来、新蓝鸟甚至奥迪 A6-2.8，这些中高档车更想在舒适性上提供完美。

2. 冒号（：）

用在提示性话语的后面，用来提起下文。

例如

1）亲爱的小朋友：日子过得多快！刚给你们贺过新年，春节又来到了。春节的假期比较长，你们有什么活动呢?

2）原因是多方面的：房改政策的推行把住房需求推向了市场，住房货币化的发展使得老百姓具备了住房消费能力。

3）拥有一头棕色长发的杨先生说："我是听摇滚乐长大的，我的音乐中含有摇滚乐的元素。"

3. 引号（""）

用来标明直接引用的话或标明具有特殊含义的词语。

例如

1）与目前时装界大刮的"金色风暴"以及奢华的民俗风相映衬，2002 年秋冬季的手袋时尚中，各种方形、长筒形的大包，占据了各大商场的有利位置。

2）也有部分人对世界工厂的前景不屑一顾，认为中国要做"科技大国"，要挣科技发明的"大钱"，而不能只挣制造业的"小钱"。

3）王小慧说："我用花来表现一种生命的过程：生命的流动，生命的脆弱与易逝，生命的循环往复。所以我不仅拍它们的蓓蕾，拍它们的盛放，也拍它们的凋零，甚至拍它们的干枯、它们的腐烂……"

4. 省略号（……）

用来标明行文中省略了的话。

例如

1）过年的时候，中国各地庆祝春节的花样可多啦：贴春联、挂年画、舞狮子、玩龙灯、跑旱船、放花炮……人人穿上整洁的衣服，焕然一新。

2）你是否有过这样的经历？当你站在众人面前，原先准备好的精彩讲稿仿佛全长着翅膀飞走了，脑子里一片空白，只留下尴尬，遗憾……

5. 书名号（《》）

用来标明书名、篇名、报刊名等。

例如

1）曹禺创作《雷雨》时，不过23岁。

2）你写的诗就登在今天的《人民日报》上。

3）《关于留学生入学的规定》已经寄给各地的申请人了。

三、汉语句子的基本成分（2）

1. 主语

作为被陈述的对象，一般放在句首，能回答"谁"或"什么"等问题。

例如

1）他今天没有去上课。

2）顽强的毅力可以征服世界上任何一座高峰。

3）学生可以在宿舍里学习。

2. 谓语

谓语的作用是能回答主语"怎么样"或"是什么"等问题。

例如

1）他是韩国人。

2）狼咬死了羊。

3）演员的表演感动了每一位观众。

3. 宾语

一般用在谓语后面，用来回答"谁"或"什么"。

例如

1）学习汉语最有效的方法是多练习。

2）早上一起床，大家发现风停了，浪也静了。

3）10 年过去了，中国发生了很大的变化。

课堂读写练习

一、仔细阅读下面几段关于李嘉诚的材料，用后面给出的模板完成一篇介绍李嘉诚的小作文，字数在 200 字左右。（李嘉诚现任长江实业集团有限公司董事局主席兼总经理）

写作材料

"李先生，你今天的成功，与运气有多大关系？"

李嘉诚面对这个问题的回答是："我创业初期，几乎不靠运气，而是靠辛苦、靠工作能力赚钱。如果你对你的工作有兴趣，那么就一定要做好。"

"1957、1958年，我初次赚到很多钱，人生是否有钱便真的会快乐？那时候我开始感到迷惘，后来终于想通了，觉得不一定。事业上应该多赚钱，有机会便花钱，这样赚钱才有意义。最初打工的时候，我有很大的压力。尤其是最初一两年，既要交学费，又要供弟弟、妹妹读书，颇为辛苦。开始做生意的最初几年，只有极少的资金，要面对很多问题、很多艰辛。但慢慢地，我想通了，只要肯努力求知、肯创新，严以律己、宽以待人，迟早会有所成就。"

1938年日军轰炸潮州，刚刚读初中的李嘉诚在1939年6月与家人辗转到香港。李嘉诚先在舅父庄静庵的中南钟表公司当泡茶扫地的小学徒。辛苦而困难的3年过去了，17岁的李嘉诚在一家五金制造厂以及塑胶带制造公司当推销员，开始了香港人称之为"行街仔"的推销生涯。很快，李嘉诚成了全公司的佼佼者。但李嘉诚从来不喜欢高谈阔论，他认为从事推销工作，重要的有两点：一是勤劳；二是创新。由于出色的推销成绩，李嘉诚18岁就做了部门经理，两年后又被提升为这家塑胶带制造公司的总经理。走南闯北的推销生涯，不仅初步形成了李嘉诚的商业头脑，丰富了他的商业知识，而且也使李嘉诚结识了很多好朋友，教会了他各种各样的社会知识。同时，在推销过程中，也使他学会了宽厚待人、诚实处世的做人哲学，为他日后事业的发展，打下了良好的基础。

有一天，李嘉诚住处的一棵大树被台风吹倒，横在门口，两个菲律宾工人在大风大雨下锯树，全身湿透。李嘉诚立即叫两个儿子赶快起床，帮工人锯树，并帮他们把树移开。"最重要的是记得人家与自己同样是人，因环境不如我们，背井离乡到这里工作，恰逢大风大雨，想不到他们还在锯树，故叫儿子们去帮忙。他们虽年幼，但很听话，真的走下去帮忙抬树。"李嘉诚说。

在李嘉诚的公司里，曾经有一个工作了十多年的中级会计，因为患了青光眼，而没有办法继续工作。此时公司规定限度的医疗费用都已用完了，生活压力之大，可想而知。李嘉诚知道后，说了两句话："第一，我支持你去看病；第二，不知道你太太的工作是否稳定，如果不稳定的话，可以来这里工作，我可以担保她一份稳定的工作。你太太有一个稳定的工作，你就不用担心收入和生活了。"后来那位患病的会计接受了医生的建议，退休去了新西兰。事情本来应该过去了，然而难能可贵的是，多年来，每当李嘉诚在报章上看到有关于治疗青光眼方面的文章，就会叫下属把那些文章寄往新西兰，寄给那位患有青光眼的会计，看看他知不知道这些新的治疗方法。那个会计的全家都很感动，他的孩子们都很小，可能还不到 10 岁，但是孩子们自己动手画了一个祝福卡，送给李嘉诚先生。一张薄薄的卡片，说的却是一个大写的"人"字。

据说，曾经有这样一个故事，有一次，汕头大学医学院的院长来到香港，与李嘉诚约好在午饭时间商谈筹建汕头大学医学院眼科中心的事。而在此之前，李嘉诚的儿子在生意上有一些事要与李嘉诚商谈，李嘉诚说，给你 5 分钟，5 分钟之后我约了汕头大学的人谈公益事业。对于那些要用钱的公益项目，一谈两三个小时还嫌少，然而对那些赚钱的生意，却只给儿子 5 分钟，这就是大富之后的李嘉诚。

写作模板（通过记叙人物的言行写人物）

（文章开头 1）

×××是一个众所周知的人物。他以＿＿＿＿在＿＿＿＿刮起了＿＿＿＿旋风。×××和他领导的＿＿＿＿一直保持着在行业领先的成绩。

（文章开头 2）

×××领导下的＿＿＿＿（公司或企业的名称）生产的产品在市场上一直适销对路，＿＿＿＿现在已经成了家喻户晓的品牌。作为一个成功者，×××最大的特点是＿＿＿＿。

（文章中间部分1）

对于×××来说，……其实很简单，……就是了。一次＿＿＿＿＿＿＿（叙述事件）。

关于……，××自有……。他说＿＿＿＿＿＿＿。这就是说＿＿＿＿＿＿＿。

××年，对于×××来说是关键性的一年，这一年＿＿＿＿＿＿＿（叙述具体的事件）。

（文章中间部分2）

在×××成功的道路上，最值得一提的是＿＿＿＿＿＿＿。通过这件事，我们看到的是一个＿＿＿＿＿＿＿的×××。

×××常说＿＿＿＿＿＿＿。他这样说的意思是＿＿＿＿＿＿＿。

对×××来说，今后＿＿＿＿＿＿＿。……。同时也要看到，……。

（文章结尾1）

在×××的身上，我们看到了＿＿＿＿＿＿的形象，这就是既＿＿＿＿＿＿又＿＿＿＿＿＿，从而＿＿＿＿＿＿。正是这些优秀的品质成就了×××的成功。

（文章结尾2）

从×××的言行中，我们看到了一个个性鲜明的＿＿＿＿＿＿的形象。他的所作所为带给我们的是对人生对成功的深深思考。

写作指导

1. 文章的题目。除了下面给出的文章题目外，想一想李嘉诚还有什么特点？可以直接以这些特点为题目，也可以选择其他的题目。

A. 热衷公益的李嘉诚

B. _____

C. _____

D. _____

E. _____

2. 文章的开头。请从所给出的两种开头方式中选择一种，你也可以把两种开头的方式综合在一起使用，选择模板中对你有用的表达，有一些句子可以不要。例如：

　　李嘉诚是一个众所周知的人物。作为一个成功者，李嘉诚最大的特点是_____。

3. 文章的中间部分。请从所给的材料部分概括出李嘉诚的人物特点，结合模板所提供的表达方式写出文章的核心内容。注意不用展开，每个事件用一句话概括即可。例如：

　　对于李嘉诚来说，"严于律己，宽以待人"其实很简单，时刻都想着别人就是了。一次_____（叙述事件）。

4. 文章的结尾。请从所给出的两个模板的结尾中选择一种，你也可以把两种结尾的方式综合在一起使用。

二、将下列几段话分别加上正确的标点符号。

　　（1）为了争取某种平衡（　　）墨西哥政府和许多民间组织开始有意识地实施（　　）文化战略（　　）（　　）据（　　）纽约时报（　　）最近发表的有关署名文章披露（　　）墨西哥古代文化已经在美国产生比较大的影响（　　）

　　（2）所谓（　　）电子政府（　　）（　　）简单地说（　　）就是政府行政手续电子化（　　）即在网上开展审批（　　）申报备案（　　）年检（　　）注册等（　　）实现无纸化办公（　　）两年过去了（　　）其（　　）电子政

府（　　　）进展如何（　　　）推行过程中应注意什么（　　　）为此，我们采访了日本 IT 战略本部（　　　）

三、改正下列句子中用错的标点符号。

（1）你为什么一直不来上课。

（2）在黄山，这位学者不由得发出了惊喜的赞叹，奇迹？奇迹？

（3）他每天都是快快乐乐的样子，可谁又能理解他内心的悲哀呢！

（4）杜鹃鸟的啼声凄凉悲哀，叫人伤心、夜莺的啼鸣，像歌声那么动听、猫头鹰在深夜的号叫，听起来有点儿可怕。

（5）他常像小孩一样发出一个疑问、世界上的事物，为什么千变万化？

（6）米、胡椒等，自然是从东方传入欧洲的：但是，牛，羊，鸡，猪以及麦类等，又是谁传给谁的呢？

四、下列每一小段话，一般都由四个句子组成，每句话下面都画有一条横线，并标注有 A、B、C、D 四个字母，其中只有一个画线的部分表达有错误，请你挑出来。

（1）我这个事不急，如果明天没有时候，那就后天吧，只要你能给我办就行。
　　　　A　　　　　　　B　　　　　　　C　　　　　　D

（2）他的结婚办得很简单，一则经济实力有限，二则他也不想大操大办，朋友
　　　　　A　　　　　　　　　B　　　　　　　　　　C
们觉得这样反而更好。
　　　D

（3）中国在改革中难免出现一些毛病，但改革的主流是好的，我们不能因为
　　　　　　A　　　　　　　　　　B　　　　　　　C
听到一些批评,就垂头丧气。
　　　　D

（4）他们真正熟悉起来在《燕京大学季刊》的编辑会上，他们同任校刊编辑，
 　　　　　　　　　　　　　　 A　　　　　　　　　　　　　　　　　　　　　　B
合作得很好，但有时也会为一篇稿件、甚至一个字争论不休。
 　C　　　　　　　　　　　　 D
（5）在这次记者招待会上，记者们关注的焦点是：现在既然对失足青年提倡以
 　　　　A　　　　　　　　　 B　　　　　　　　　　　 C
教育为主，所以为什么一定要判处徒刑呢？
 　 D

五、阅读课文，选择正确的答案。

（1）张瑞敏用"洗白薯机"的事件说明：_____

A. 有些事情技术上并没有什么难度，就是观念问题。

B. 中国市场那么大，完全可以创造出个体化的需求。

C. 需要不断否定旧的，只有这样，才能创造出新的需求。

D. 在激烈的市场竞争中，企业要赶在别人否定自己之前先否定自己，
   如果你不能不断地自我否定，就不可能取得进步。

（2）张瑞敏逛商场反映了他怎样的经营思路？_____

A. 中国加入世贸组织以后，企业方面应感受到来自外国公司的压力。

B. 企业必须重视市场、尊重市场。

C. 经常强调的以市场为导向。

D. 除了使产品走向市场外，也要让生产点走出国门。

（3）面对世界各国企业都看好中国市场并到中国投资，海尔的逆向思
维是：_____

A. 世界很大，我们必须走出去，去开拓新的市场。

B. 时刻在考虑我们到海外去办厂，搞当地生产、当地销售。

C. 同多国企业联手或者接受外国企业的委托生产。

D. 国内企业的国际化成为一个现实的课题。

（4）"关于成功的秘诀，张瑞敏说除了产品要适销对路、有个性外，企业必须重视市场、尊重市场。"这句话中，"重视"还可以换成：＿＿＿＿＿。

　　　　A. 尊敬。

　　　　B. 看重。

　　　　C. 珍惜。

　　　　D. 重用。

（5）海尔集团还花了1400万美元将位于美国曼哈顿百老汇大街的那座典型的罗马式建筑——格林尼治银行大楼购于自己的名下。这样做的好处是：＿＿＿＿＿

　　　　A. 它向世人有力地昭示：中国海尔的产品质量可靠，世界一流。

　　　　B. 等于买下了一座广告塔，胜过很多电视广告。

　　　　C. 让生产点走出国门。

　　　　D. 展示中国新一代企业家的形象。

课后写作

05

　　写一篇通过人物的言行介绍人物的记叙文。你写的人物可以是财经领域的人物，也可以是身边熟悉的人物，尽量脱离写作模板，尝试自己列提纲写作。

_____

_____

_____

_____

_____

_____

UNIT 1

第一单元　财经人物

课前预习

1. 课文都从哪些方面对比了盖茨与乔布斯?

2. 对这两个人物你更喜欢谁?

第三课

盖茨与乔布斯

新商务汉语阅读与写作教程

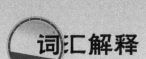 词汇解释

英雄出少年	yīng xióng chū shào nián	在很年轻的时候就做出了很了不起的成绩。
开辟	kāi pì	创立；打开通路。
产业	chǎn yè	生产行业。
嬉皮士	xī pí shì	（hippy;hippie）西方国家中一些对现实不满的人，用留长发、穿奇异的服装、吸毒等方式表达他们玩世不恭的生活态度。
不同凡响	bù tóng fán xiǎng	不同一般。
凝聚	níng jù	聚集、积聚。
丰厚	fēng hòu	多；丰富。
股酬	gǔ chóu	本课中的意思是以股票作为报酬。
耀眼	yào yǎn	光线强烈，使人眼花。
我行我素	wǒ xíng wǒ sù	不管别人怎么说，仍然按照自己本来的一套去做。
卓越	zhuó yuè	非常优秀，超出一般。
发烧友	fā shāo yǒu	对某一项事业或活动非常迷恋专注的人，狂热的爱好者。
下属	xià shǔ	下级。
排他性	pái tā xìng	一事物不容许另一事物与自己在同一范围内并存的性质。
资本	zī běn	用来生产或经营以求获取利润的生产资料和货币。
平庸	píng yōng	平常而不突出。

课文分析

文章开头部分

电脑业有两个真正的英雄：一个是比尔·盖茨；另一个是斯蒂芬·乔布斯。盖茨和乔布斯在事业上都是成功者，但是要成为好男人，除了要在事业上取得成功之外，还必须要有爱心、责任心。

阅读指导

文章开头部分告诉我们哪些关于盖茨与乔布斯的信息？

相关句型

……有两个……：一个是……；另一个是……

文章中间部分

盖茨和乔布斯可以说都是**英雄出少年**。盖茨是第一个提醒人们重视软件非法复制的程序员，他希望软件能够广泛地被使用，形成统一的标准；但他又不希望自己的软件成为免费的午餐，他想在软件开发这一领域，**开辟**出一个新的**产业**，最后我们看到了微软帝国的建立。而乔布斯少年时代当过**嬉皮士**，后来又到印度学习宗教。乔布斯是一个电脑天才，也是一个创意大师。我们一直很佩服苹果的创新能力，苹果的理念就是创造**不同凡响**的电脑。

阅读指导

这一自然段比较的是盖茨与乔布斯的什么？

相关句型

1. ××× 和 ××× 都是……

2. ×××……，而×××……

实际上，盖茨最聪明的地方既不在于他的技术，也不在于他的市场运作的能力，而是他善于吸引和**凝聚**众多天才的能力，就连盖茨本人也常常感慨："和一群天才们在一起工作是多么有趣的一件事情啊！"盖茨对企业的管理理念是"让员工和公司共同致富"。微软公司工资水平并不是很高，但他会给员工以**丰厚**的**股酬**，这样，员工就能够把自己和公司连为一体，能动性自然而然就发挥出来了。世界富翁排行榜上总以微软人最为**耀眼**，微软员工也以百万富翁多而闻名。微软吸引、使用、培养和保留人才的做法值得认真研究，盖茨的企业管理方法值得我们好好学习。

在这一点上，乔布斯就和盖茨很不一样。乔布斯一贯**我行我素**。乔布斯的少年时代正处于美国追求个性的20世纪60年代，那个时代塑造了他追求**卓越**的性格。在青年时代，他就和苹果机的**发烧友**一起创建了"新时代的苹果电脑家庭"。乔布斯的做法就是"要么按我的方式去做，要么就走"，他要求**下属**能够按他心目中理想的苹果机的要求去做，对不同意见他都会否决。麦肯纳说："你必须对他产生信仰，把他当成一种宗教，那么你才能在苹果公司待下去。"正是这种绝对的**排他性**使得Mac机得以诞生，但这种管理方式是不利于一家公司长期稳定地发展的。后来，乔布斯退出了苹果电脑，创立了NeXT公司，收购了Pixar公司，十多年以后他逐渐成长起来了。

阅读指导

这两个自然段比较的是盖茨与乔布斯哪些不同？

相关句型

（1）既不……也不……，而是……

（2）在……上，×××和×××就很不一样。

工业社会在其商业发展阶段，只要控制了产品，就可以拥有财富；而在工业资本发展阶段，只有控制了**资本**，才可以拥有财富。同样，信息社会在从"初级阶段"转向"高级阶段"时，也正同样发生着角色的转移：乔布斯极力控制信息"产品"，如 Mac 机；盖茨则专注于控制信息"资本"，如操作系统的标准、网络的标准。这两个人实际上各自代表了 IT 业"与众不同"战略的两条路线：盖茨是理性主义，他靠的是垄断性战略、多产品平台、数字化管理模式；而乔布斯则是感性主义，他靠的是创新、设计、美学和对用户体验的深刻洞察。就像他们都爬上同一座山，一个是从南面爬上去的；另一个是从北面爬上去的。当然，乔布斯选择的是一条更艰难的路线，为了做到真正的与众不同，他创新不断，坚持与**平庸**作战。正如比尔·盖茨对乔布斯评论："乔布斯对用户体验和设计如痴如醉，这显然对苹果公司产生了巨大影响。"

阅读指导

这一自然段，比较盖茨与乔布斯的不同之处是什么？

相关句型

……，只要……；而……，只有……

文章结尾部分

盖茨和乔布斯，既是事业上的合作伙伴又是相互之间的竞争对手，他们各自用完全不同的风格改变了个人电脑产业。随着乔布斯的辞世与盖茨的退休，似乎属于他们的那个时代结束了。然而，他们以不同方式所创造的历史却永远值得我们尊敬。

阅读指导

文章结尾部分是怎样总结的？

相关句型

×××和×××既是……又是……

阅读总结

在教师的指导下，和你的同桌讨论，写出这篇文章的写作提纲。

要点讲解

一、写人的记叙文（3）

本篇文章是用对比的手法，通过对两个人物的比较，突出他们各自的特点。

二、汉语句子的基本成分（3）

1. 定语

在汉语句子的基本成分中，定语是修饰名词性成分的词语，在句中修饰主语和宾语，被修饰的成分为中心语，定语一定要放在中心语前面。

例如

1）我的书包

2）教室里的桌椅

3）中国菜

4）阅读写作课

5）昨天吃剩的菜

6）去年你给我的书

有的句子的定语比较复杂，其语言顺序一般是这样的：

表示领属关系的名词＋代词＋指示代词＋数量词组＋表示修饰关系的词语＋中心语。

例如

朋友（中心语）

1）好朋友

2）漂亮的好朋友

3）三个漂亮的好朋友

4）那三个漂亮的好朋友

5）我的那三个漂亮的好朋友

2. 状语

在汉语句子的基本成分中，状语是修饰限制动词、形容词的词语，被修饰的词语为中心语。状语表示中心语的时间、处所、程度、状态等。状语要放在中心语的前面。状语的功能可以分为两类：限制性状语和描写性状语。

限制性状语主要用来表示时间、处所、程度、否定等；描写性状语是描写动作或情态的。

例如

1）中午过后，天空下起了雨。（表示时间）

2）小李很高兴地对我说。（描写情态）

3）他们是在颐和园参加这次活动的。（表示处所）

4）妈妈特别小心。（表示程度）

5）他把书一本一本地放好了。（描写动作）

6）他给她买了好几次书。（表示对象）

有时，一个句子里会出现几个词或词组共同修饰的谓语，这些复杂状语在句中的排列顺序一般是这样的：

表示时间的词语＋表示地点的词语＋表示范围的词语＋表示对象、工具、方向的词语＋表示情态或方式的词语＋中心语。

1）我去年（时间）在韩国（地点）和我姐姐（对象）一起特别认真（情态）地学习了汉语。

2）我上个月（时间）在北京（地点）和我的朋友（对象）一起旅游。

3. 补语

在汉语句子的基本成分中，补语是位于动词或形容词谓语后的一种补充成分，补语可以用来说明动作、行为的结果、状态、趋向、数量、时间、处所、可能性等。根据不同的功能，补语又可以分为：

1）结果补语：在动词谓语后面表示动作的结果。

例如

① 这个字写错了。

② 他很悲痛，哭肿了眼睛。

③ 他很爱踢球，一个月踢坏了三双鞋。

④ 快到三峡的时候，你可得叫醒我。

2）程度补语：用在谓语后面，表示动作的程度和动作进行的状态。

例如

① 他心里痛快极了。

② 这条河堤坚固得很。

③ 这个人讨厌死了。

④ 听到这件事，他高兴得合不上嘴。

3）数量补语：数量补语用在形容词或动词后边，用来表示动作发生的次数、时间和频率。

例如

① 看了好几遍才看懂。

② 他急了，打了我一下。

4）趋向补语：用在动词后面表示动作的趋向。

例如

① 远处传来了脚步声。

② 谁也不会轻易把生命交出去。

③ 所有的人都坚持下来了。

④ 天黑了，街道上亮起了灯。

三、汉语中常用的表示对比的说法

1."不如"

1）北京的冬天不如哈尔滨的冷。

2）这家餐馆的菜不如那一家的好吃。

2."一个……，一个……"

例如

1）在不同价值观指导下，一个得到整个世界，一个失去整个世界。

2）他们一个是班里的好学生，一个是班里的差学生。

3）一个是川菜，一个是北京菜，味道当然不一样了。

3."跟"／"和"

例如

1）盖茨和乔布斯可以说都是英雄出少年。

2）他跟王先生是完全不同的两类人。

3）我和小红来自于不同的城市。

4."比"

例如

1）我比他更了解你。

2）他学习汉语比以前努力多了。

5."有""没有"

例如

1）你觉得这件衣服有那件好看吗？

2）你学习汉语没有他那么努力。

课堂读写练习
04

一、请仔细阅读下面关于张朝阳、柳传志的材料，用后面给出的模板写一篇200字左右的小作文。

写作材料

A

张朝阳，1964年10月31日出生于陕西省西安市，陕西西安人。1986年毕业于清华大学物理系。1993年年底在美国麻省理工学院（MIT）获得博士学位。1996创建了爱特信公司，成为中国第一家以风险投资资金建立的互联网公司。1998年2月25日，爱特信正式推出"搜狐"品牌，并更名为搜狐公司。在张朝阳的领导下"搜狐"历经四次融资，于2000年7月12日，在美国纳斯达克成功挂牌上市。搜狐公司目前已经成为中国最领先的新媒体、电子商务、通信及移动增值服务公司，对互联网在中国的传播及商业实践做出了杰出的贡献。张朝阳现任搜狐公司董事局主席兼首席执行官。

互联网是一个高风险的产业，而难得的是张朝阳对自己的事业有着极为坚定的信心。他坚信自己从事的网络不是泡沫。张朝阳的信心来自他对网络的深刻理解。作为一个海归派的优秀青年，张朝阳带给国家的不仅是财富本身，而且理念、文化。在国内大多数人并不理解网络的时候，张朝阳把互联网的文化、互联网的先进运作方式，大量介绍给了中国国内的人。首先，他告诉人们网络是不能收费的。

当时还没有网站，上一个数据库都要收费，现在所有网站都是免费的。其次，是推广风险投资的概念，并且用搜狐这个实际的成功的例子来说明它。此前国内也有一些风险投资引进，但搜狐的方式比较正规，而且也很成功，使风险投资的概念深入人心。另外在做网站的方式上，搜狐一开始就把网站当一个品牌来做。同时，在如何构筑一个新兴企业的文化、创立新兴公司的管理方法等方面也给中国的互联网提供了宝贵经验。以张朝阳为代表的成功的创业者，给中国的年轻人树立了一种创业致富新青年形象，这在一定时期内会有很大影响。从这个意义上说，张朝阳是一代青年人的楷模，是个英雄。

B

柳传志，1944 年 4 月 29 日生，祖籍江苏镇江市。1961—1967 年在西安军事电信工程学院学习。1967—1968 年在国防科委成都十院十所工作。1984 年以 20 万元人民币投资，与其他 10 名计算所员工共同创办中科院计算所新技术发展公司，1989 年成立联想集团；1988 年以 30 万元港币合资创办香港联想电脑有限公司。1997 年，两家公司经过整合统一为联想集团有限公司。目前，联想集团已经发展为国内最大的计算机产业集团，自行研制开发的电脑板卡达到世界先进水平，大量出口海外。柳传志现任联想集团有限公司董事局主席。

柳传志在十余年的企业管理生涯中，积累了丰富的经验，创造性地提出了联想"贸工技"的发展道路，总结出"管理三要素""培养领军人物"等一系列重要的管理思想。所谓"贸工技"就是以贸易领域为推动力，以市场上的需求反馈信息为参照，让工厂根据市场需求来生产，公司技术部门的研究方向是为生产和贸易服务的。柳传志认为联想的核心竞争力是"管理三要素"，即怎样建班子、怎样定战略、怎样带队伍。建班子的内容保证了联想有一个坚强的意志统一的领导核心。定战略是如何有指导思想地建立远、中、近期的战略目标，并制定可操作的战术步骤，分步执行。带队伍是如何通过规章制度、企业文化、激励方式，最有效地调动员工的积极性，保证战略的实施。这些管理思想对于联想逐步发展成为一家国际化的大型企业，起了非常重要的作用。作为改革开放以来中国第一代企业家，柳传志以他超前的管理模式不仅成就了联想自身，也成就了广大消费者，更成就了一个民族品牌，为"中国制造"在世界市场上的竞争再添一份力。

写作模板（通过对比写人物）

（文章开头 1）

……有两个……：一个是 ×××；另一个是 ×××。我们可以看到，××× 和 ××× 有很多共同之处，比如他们都是＿＿＿＿＿＿，他们都有＿＿＿＿＿＿，他们在＿＿＿＿＿＿方面都很＿＿＿＿＿＿。

（文章开头 2）

我们都听说过 ××× 和 ×××，他们两个所从事的事业不同，××× 是＿＿＿＿＿＿界的英雄；而 ××× 则是＿＿＿＿＿＿领域的成功者。除此之外，他们之间还有很多不同之处：××× ＿＿＿＿＿＿，而 ××× ＿＿＿＿＿＿；××× ＿＿＿＿＿＿，而 ××× ＿＿＿＿＿＿。

（文章中间部分 1）

××× 的成功主要得力于＿＿＿＿＿＿。正是这种……使得 ××× 得以……。在这一点上，××× 就和 ××× 很不一样，＿＿＿＿＿＿。

××× 和 ××× 的不同之处还在于：在 ＿＿＿＿＿＿方面，××× 比 ××× ＿＿＿＿＿＿。比如 ××× ＿＿＿＿＿＿而 ××× 却＿＿＿＿＿＿。

（文章中间部分 2）

但作为事业的成功者，他们也有很多相似的地方。比如在对待＿＿＿＿＿＿的问题上，两个人都是既不……，也不……，而是……。

　　两个人都_____。×××_____，×××_____。

　　他们一致的地方还在于：_____。

（文章结尾1）

　　×××和×××都是成功者，但×××在_____方面似乎更_____一些。很多人认为这是因为_____。其实问题根本就不在这里，关键在于_____。

（文章结尾2）

　　从×××和×××的身上，我们看到了属于成功者的许多共同的品质，这就是_____、_____、_____和_____。

写作指导

1. 文章的题目。除了下面给出的文章题目外，你还能想出别的吗？请将你选定的题目写到稿纸的正确位置。

　　A. 柳传志和张朝阳

　　B. _____

　　C. _____

　　D. _____

　　E. _____

2. 文章的开头。请从所给出的两种开头方式中选择一种，你也可以把两种开头的方式综合在一起使用，选择模板中对你有用的表达，有一些句子可以不要 。

　　例如：

　　我们都听说过柳传志和张朝阳，他们两个所从事的事业不同，一个是生产电脑的；另一个是做网站的。我们可以看到，柳传志和张朝阳有很多共同之处，比如他们都是<u>优秀的企业家</u>，他们都有<u>自己独特的管理方式</u>……

3. 文章的中间部分。请从所提供的写作材料中分别概括出柳传志和张朝阳的特点，进行比较，结合模板所提供的表达方式写出文章的核心内容。注意不用展开，每个事件用一二句话概括即可。例如：

  <u>张朝阳的成功主要得力于把国外的关于网络的新思想带到国内</u>。在这一点上，柳传志就和张朝阳很不一样，＿＿＿＿＿＿。

4. 文章的结尾。请从所给出的两个模板的结尾中选择一种，你也可以把两种结尾的方式综合在一起使用。

二、改正下列句子的错误。

  （1）同屋已经睡着了，那时候。

  （2）我回来宿舍的时候，已经是晚上 8 点了。

  （3）他吃饭完就和朋友一起去学校了。

  （4）他昨天送给我从日本带来的美丽的一幅画。

  （5）请帮我买大的圣诞节用的一块蛋糕。

  （6）我买了一个苹果很大的。

  （7）参加"阅读写作"考试的同学请在 301 教室明天早上 9∶50 集合。

三、给下面的句子填上恰当的补语。

  （1）阳光火一般地喷（　　　　），我热得气都喘不过来。

  （2）树上掉（　　　）一个苹果。

  （3）老李找（　　　）了他的同学，找好了住处。

  （4）我们左右张望了（　　　　），想从左边出去。

  （5）给我拿支铅笔（　　　）。

（6）我在八百里之外，就闻（　　）香味了。

（7）我们走（　　）了李老师的画室。

四、请将下列每组短句合并成一个句子。

（1）　{ 我买了一件衣服。
　　　　它是韩国生产的。
　　　　它很漂亮。

（2）　{ 同学们表演了节目。
　　　　节目很多。
　　　　节目很精彩。

（3）　{ 我去了一趟英国。
　　　　英国的风景很优美。
　　　　英国的气候很好。

（4）　{ 我穿了一件新衣服。
　　　　妈妈上星期给我买了一件衣服。

五、选词填空。

下风　卓越　开辟　开展　丰富　超越　分化　分散　丰厚　资本　资源

（1）通过不断的努力，他们终于（　　）出一片新天地。

（2）（　　）这项体育活动，有助于学生的身体健康。

（3）这份工作报酬（　　），吸引了不少人。

（4）这家饭馆的菜，品种（　　），大家都愿意去那里吃饭。

（5）大家学习都很努力，如果你不加油，很难（　　）别人。

（6）在这场比赛中，他一直是处于（　　），看来他是一定要输了。

（7）上课要注意听讲，不要（　　　）注意力。

（8）中国是个（　　　）丰富的国家。

六、阅读课文，选择正确的答案。

（1）"盖茨和乔布斯可以说都是英雄出少年。"对这句话的理解，以下哪些选项是对的？_____

    A. 盖茨是第一个提醒人们重视软件非法复制的程序员。

    B. 盖茨最聪明的地方既不在于他的技术，也不在于他的市场能力，而是他善于吸引和凝聚众多天才的能力。

    C. 乔布斯的做法就是"要么按我的方式去做，要么就走"。

    D. 盖茨和乔布斯在青春年少的时候，就已十分出色，开创了自己的事业。

（2）"盖茨最聪明的地方既不在于他的技术，也不在于他的市场运作的能力，而是他善于吸引和凝聚众多天才的能力。"是指：_____

    A. 盖茨希望软件能够广泛地被使用，形成统一的标准；但他又不希望自己的软件成为免费的午餐。

    B. 微软公司工资水平并不是很高，但他会给员工以丰厚的股酬，这样，员工就能够把自己和公司连为一体，能动性自然而然就发挥出来了。

    C. 盖茨专注于控制信息"资本"，如操作系统的标准、网络的标准。

    D. 盖茨用信息社会的"前沿概念"打败了乔布斯信息社会的"过时概念"。

（3）"在这一点上，乔布斯就和盖茨很不一样。"这句话中的"这一点"是指：_____

    A. 世界富翁排行榜上总以微软人最为耀眼，微软员工也以百万富翁多而闻名。

    B. 微软公司工资水平并不是很高，但他会给员工以丰厚的股酬。

    C. 盖茨则专注于控制信息"资本"，如操作系统的标准、网络的标准。

    D. 盖茨善于吸引和凝聚众多天才的能力。

（4）"他要求下属能够按他心目中理想的苹果机的要求去做，对不同意见他都会否决。"这句话中的"否决"一词还可以换成下面哪个词？＿＿＿＿＿

　　　　A. 否认。

　　　　B. 否则。

　　　　C. 否定。

　　　　D. 表决。

（5）"这两个人实际上各自代表了 IT 业'与众不同'战略的两条路线。"这里"两条路线"是指：＿＿＿＿＿

　　　　A. 一个是从南面爬上去的；另一个是从北面爬上去的。

　　　　B. 盖茨是理性主义，他靠的是垄断性战略、多产品平台、数字化管理模式；而乔布斯则是感性主义，他靠的是创新、设计、美学和对用户体验的深刻洞察。

　　　　C. 乔布斯极力控制信息"产品"；盖茨则专注于控制信息"资本"。

　　　　D. 盖茨善于吸引和凝聚众多天才；乔布斯一贯我行我素。

课后写作

写一篇两个人物对比的记叙文，可以是财经领域的人物，也可以是你所熟悉的身边的人物。尽量脱离写作模板，尝试自己列提纲写作。

_____

_____

_____

_____

_____

第一单元　财经人物

UNIT 1

课前预习

1. 作为一个人物群体，京城外企白领有哪些共同的特点？

2. 你自己国家的白领有什么共同的特点吗？

第四课

京城外企白领

词汇解释

巨头	jù tóu	政治、经济界等有较大势力的人物。
并驾齐驱	bìng jià qí qū	比喻齐头并进，不分前后。也比喻地位或程度相等，不分高下。
骄子	jiāo zǐ	很受关注、宠爱的人。
接轨	jiē guǐ	结合、连接在一起。
熏染	xūn rǎn	因长期接触而受影响。
明示	míng shì	明确地表示出来。
业绩	yè jì	在某一领域所取得的成就。
时尚	shí shàng	很入时、时髦。
富丽堂皇	fù lì táng huáng	多用来形容地点或场面的宏伟美丽。
仰慕	yǎng mù	尊敬、崇拜。
谦和	qiān hé	对人的态度谦虚和蔼。
义不容辞	yì bù róng cí	道义上不允许推辞。
一呼百应	yì hū bǎi yìng	很受大家的赞同响应。
跳槽	tiào cáo	换工作。
投机钻营	tóu jī zuān yíng	为了获取个人利益而很会利用时机或巴结有势力的人。
论资排辈	lùn zī pái bèi	指按资历辈分决定级别、待遇的高低。
繁荣富强	fán róng fù qiáng	国家兴旺发达、富足强大。
栋梁之才	dòng liáng zhī cái	指能够担当重任的人才。

课文分析

文章开头部分

改革开放二十多年来，北京作为中国的首都，在开放中迎来了越来越多的外商投资企业。在京城落户的外资企业有世界百强之首的通用电器；有拥有百年历史的电气行业**巨头**西门子；有占世界手机销售市场近三分之一的诺基亚；有誉满全球的生产移动通信工具的摩托罗拉；有 IT 行业王国之称的微软和与微软**并驾齐驱**的甲骨文；有跨多行业经营的伊藤忠；有世界金融巨头汇丰银行、花旗银行，还有食品行业的**骄子**——雀巢、爱芬食品，以及普华—永道会计师事务所、松下、爱普生、拜耳、三星等大牌公司……伴随着外资企业的进入，出现了一个正在迅速成长的特殊群体，这就是在外资企业中工作的中方管理、技术人员。这个群体给人的印象是：匆忙出入高档写字楼，衣着得体的青年；能熟练用外语与外国人对话的知识分子；频繁进出机场的旅客。他们就是被称为京城外企白领的一群年轻人。

阅读指导

1. 从文章的开头，我们知道京城外企白领给人的印象是什么？

2. 作为文章的开头，是怎样介绍京城外企白领的？

相关句型

1. ……，出现了一个……的群体，这就是……

2. 这个群体给人的印象是……

文章中间部分

外企招白领，靠层层面试、试用，走进公司的员工个个是合格的人才。外资企业的用人制度是随市场经济发展的，有其内在的科学性和规范性。通常，外企白领是靠个人的素质、本领走进外资企业的。外资企业招聘的员工大部分拥有大学或大学以上的学历，其中京城名牌大学毕业生占了相当的比例。中国经济的发展，给他们提供了施展远大抱负的广阔舞台，跨国公司世界一流的经营管理和与国际直接**接轨**的科学技术，拓宽了他们的眼界、增长了他们的才干；十几年学校的教育，使他们掌握了科学文化知识，有了进入外资企业的资本；传统的社会教育、文化教育与崭新的时代精神，**熏染**了他们的文化修养、气质和品格。外方高级管理人员评价他们：聪明、勤奋，善与人合作，是极有发展的一群年轻人。

阅读指导

这一自然段写的是京城白领的什么特点？

相关句型

……是靠……走进……的。

京城外企白领们的工作职责分明，收入明确，不少公司在招聘时就**明示**一张职务与工资相对应的表格。一段时间一个考核，晋级、升迁标准公开，大家都在同一条起跑线上。这些员工必须经过专业培训，学习专业基础知识，进行模拟市场训练，熟悉企业文化和发展史，明了企业的规章制度，以至礼仪、礼节都很严格，甚至连微笑都有具体标准。重要工作岗位的员工还会被选拔出国进修。

阅读指导

这一自然段写的京城白领的特点是什么？

相关句型

这些……必须经过……，以至……甚至连……都……

京城外企白领们也有着自己的衣、食、住、行。公司新员工月收入扣除税和社会保险等项目，一般在两千元以上，试用期满后成为正式员工，还会增加，高于同龄人在国营单位的收入。随着工龄的增加，工资会连年递增，三五年后，收入还是相当可观的。外企白领们挣得多，花得也多，比如，他们敢于购买商品房。购房的条件比同龄人略好，因为自己有条件贷款，但比起已分到福利房的工薪人士，购房款在他们的高收入中还是占了相当的比重。一般来说，北京的望京地区是他们的理想居住地。自然，收入再高些的人士也会购买中低档的轿车。但无论买什么，最重要的是个人要不断做出突出的**业绩**。

阅读指导

这一自然段写的京城白领的特点是什么？

相关句型

但无论……，最重要的是……

在生活中，他们有时很**时尚**，但有时也很传统。他们衣着讲究，西装革履，十分得体，但更多的时候，仍喜欢简洁、舒适的便装；他们的社交场所多是**富丽堂皇**的宾馆、饭店和受世人**仰慕**的学术论坛，但言谈举止中仍带着中国劳动人民的纯朴、善良和**谦和**；他们的兴趣专注于人文、科技，同时也拥有中国人共有的情感：热爱故土、热爱家人、热爱集体、热爱自己追求的事业。

阅读指导

这一自然段写的京城白领的特点是什么？

相关句型

他们……，但……

经济和社会的发展以及环境保护共同推进着人类社会的文明。这深刻的道理使京城的外企白领们也自觉承担了**义不容辞**的社会责任。在"治多伦（地名）一亩沙地，还北京一片蓝天"的活动中，他们**一呼百应**，积极捐款。一家外资服装公司的几十名中方管理人员，连续多年每人自愿资助贫困山区的儿童上学，并多次捐款、捐物给京郊山区的小学。当问起这些事时，他们很平静地说："我们当中也有人是从贫困地区考入大学的，在外企工作，深知科学文化知识对一个人、一个地区经济发展的重大影响，为了下一代，我们更有责任为家乡、为贫困地区尽自己的义务。"

阅读指导

这一自然段写的京城白领的特点是什么？

竞争的市场、不断发展的企业，使京城的外企白领们不满足于一时一地的优厚待遇和现代化的办公环境。他们追求事业的发展，追求个人价值的实现。他们中的一些人也要**跳槽**，有的公司一年大约有三分之一的员工在流动变化。严格的工作职责和晋升条件，容不得**投机钻营**；紧张有效的工作，容不得弄虚作假。他们脚踏实地，一步步设定自己的前进目标，一次次把握个人的发展机遇，在市场、竞争、效益面前，没有**论资排辈**和复杂的人际关系，靠的是业绩，勤奋钻研，科学知识和技术。只要付出了，年轻人的志向在几年内就可以达到。

阅读指导

这一自然段写的京城白领的特点是什么？

相关句型

……，使……们……

文章结尾部分

中国"入世"后，随着市场进一步扩大开放，更多的外商将目光投向中国，更多的外资企业将在京城落户，这支外资企业的员工队伍也会随之壮大。展望未来，京城外企白领，这一代在改革开放中成长起来的中国知识分子将成为中国**繁荣富强**的栋梁之才。

第四课 京城外企白领

阅读指导

文章是怎样结尾的？

相关句型

……后，随着……，……

阅读总结

在教师的指导下，和你的同桌讨论，本文是如何介绍京城外企白领的，写出这篇文章的写作提纲。

要点讲解

一、写人的记叙文（4）

本文是写一个人物群体的记叙文，介绍具备共同特点的一类人。

二、汉语中表示群体的有关词语

1. 我们

例如

1）我们都是中国人，我们热爱自己的祖国。

2）我们都是二班的学生。

2. 他们

例如

1）他们在外资企业工作，都是白领。

2）他们都是韩国来的留学生。

3. 你们

例如

1）你们都是在电脑行业工作的人，可能互相认识。

2）你们都是来中国留学的学生，应该有同样的感受。

4. 这群人 / 这伙人 / 这帮人

例如

1）这群人 / 这伙人 / 这帮人的生活方式差不多，几乎每天都在一起。

2）这群人 / 这伙人 / 这帮人一起出来旅游，看样子是同一个工作单位的。

5. "……们"

例如

1）外企白领们的工作职责分明，收入明确。

2）留学生们来到北京一般都要去天安门看一看。

6. 大家 / 大伙

例如

1）大家 / 大伙都能完成这项工作，为什么你就不行呢？

2）吃完晚饭后，大家 / 大伙就到酒吧聊天。

7. 这些 / 那些

例如

1）这些 / 那些刚毕业的大学生工作都十分努力。

2）这些 / 那些在外企中工作的白领有他们自己的衣食住行。

三、汉语中"的""地""得"的用法

普通话里助词"de"，在书面语里习惯上写成三个字：在定语后面写成"的"，在状语后面写成"地"，在补语前面写成"得"。如：

1）一位戴眼镜的中年男子，默默地眺望着远处的景色；一位美丽的女人，亲密地站在他身旁。

2）一群鸭子在水面上游得好不自在。

四、动词后"着""了""过"的用法

1."着"的用法

主要表示一种持续的状态，主要用以说明、描写某事物所处的或所呈现出的状态，它的作用在于描写，常用于描述某一场景。

例如

1）他就这样一直站着，站了两个小时。

2）他手里拿着一束花到处找公共汽车站。

3）说着说着，他哭了起来。

2."了"的用法

动词后的"了"表示动作行为的完成。

例如

1）我看了三遍书。

2）他今天上了两个小时的课。

注意：

只有说话者表达的重点在动作(已实现或完成)时，才在相应的动词后用"了"，如果表达的重点不在于动作，而在于介绍情况、叙述事件，一般不在词尾加"了"。

例如：

改革开放二十多年来，北京作为中国的首都，在开放中**迎来了**越来越多的外商投资企业。……伴随着外资企业的进入，**出现了**一个正在迅速成长的特殊群体，这就是在外资企业中工作的中方管理、技术人员。这个群体给人的印象是：匆忙出入高档写字楼，衣着得体的青年；能熟练用外语与外国人对话的知识分子；频

繁进出机场的旅客。他们就是被称为京城外企白领的一群年轻人。

3."过"的用法

动词后的"过"表示曾经有某种经历，只能用于过去，一般放在宾语前面。

例如

1）我在北京的时候，去过两次故宫。

2）我从来没见过这么没有礼貌的人。

课堂读写练习

一、仔细阅读下面一段介绍首席执行官的材料，用后面给出的模板写一篇200字左右的小作文。

写作材料

首席执行官（CEO）

　　首席执行官可以简单地理解为企业领导人与职业经理人两种身份的合一。设立首席执行官已成为国际上通行的一种公司治理方式。在世界500强企业中，绝大部分企业都设有这一职位。首席执行官是美国在20世纪60年代进行公司治理创新时的产物，企业首席执行官制度的出现是对传统公司治理结构的挑战。根本上来说，首席执行官的出现，意味着公司的拥有权与经营权的分离。首席执行官可能并没有公司的任何股权，但其决策权力非常大，可以对公司的经营管理做出重大决策。在企业中，首席执行官领导的人包括：总经理、副总经理、各部门经理、总会计师、总工程师等。

　　首席执行官的主要职责包括：对公司的一切重大经营运作事务进行决策，包括对财务、经营方向、业务范围的增减等；参与董事会的决策，执行董事会的决议；

主持公司的日常业务活动；对外签订合同或处理业务；任免公司的高层管理人员；定期向董事会报告业务情况，提交年度报告。

在生活方式上，除了必要的在私人俱乐部、时尚派对上的聚会外，首席执行官们还热衷于公益慈善。通过慈善投资，也可以提升个人以及公司的形象。工作之余，这些企业的领导者也很热爱运动，他们其中的很多人对于挑战极限的运动都很感兴趣，如登山、航海、驾驶私人飞机等。

博客是公开的网络日记，被称为时代符号，是向公众全方位展示自己的网络工具，也是世界500强企业的CEO所推崇的沟通方式，博客是他们表达人生和管理理念的平台，也是与公众沟通树立自身形象和企业品牌的重要方式。

当然，作为常人眼里财富化身的首席执行官们也有深藏其后的焦虑、孤独和惆怅。工作压力大、生活节奏快，使得他们往往成为心理疾病的高发人群。

▶ 写作模板（写一个群体）

（文章开头1）

＿＿＿＿＿＿顾名思义，是指从事＿＿＿＿＿＿的人员。他们往往给人的印象是＿＿＿＿＿＿。＿＿＿＿＿＿的出现是现代＿＿＿＿＿＿发展的结果，从＿＿＿＿＿＿的身上，我们可以看到很强的时代特征。

（文章开头2）

在＿＿＿＿＿＿有这样一个群体，他们既不＿＿＿＿＿＿也不＿＿＿＿＿＿，而是＿＿＿＿＿＿。他们就是被称为＿＿＿＿＿＿的一群＿＿＿＿＿＿＿＿（年轻人／职业经理人／老年人／从事……的人）。

（文章中间部分1）

在工作上，＿＿＿＿＿＿的工作凭的是＿＿＿＿＿＿、＿＿＿＿＿＿、＿＿＿＿＿＿的个人素质。

他们的工作特点是＿＿＿＿。

在生活上，他们的要求＿＿＿＿。有时＿＿＿＿，有时＿＿＿＿。

但无论要求什么，最重要的是＿＿＿＿。

对于社会生活，他们的态度是＿＿＿＿的，例如＿＿＿＿＿＿。

（文章中间部分2）

＿＿＿＿是＿＿＿＿的生活常态。他们大部分时间处于＿＿＿＿状态。他们关注＿＿＿＿，＿＿＿＿＿＿。

＿＿＿＿这一称呼，是对他们＿＿＿＿、＿＿＿＿、＿＿＿＿的认可。他们工作＿＿＿＿，选择职业全凭＿＿＿＿，能够＿＿＿＿、＿＿＿＿、＿＿＿＿是最重要的。

＿＿＿＿们在职场中往往都表现出极强的个人魅力，＿＿＿＿、＿＿＿＿、或＿＿＿＿，这往往也是他们个人素质的体现。＿＿＿＿＿＿＿＿。

（文章结尾1）

随着＿＿＿＿，＿＿＿＿越来越成为＿＿＿＿向往的职业，＿＿＿＿的队伍会越来越壮大。展望未来，＿＿＿＿的前景无限广大。

（文章结尾2）

＿＿＿＿的＿＿＿＿、＿＿＿＿、＿＿＿＿决定了＿＿＿这一群体在社会上的位置。但是要想成为＿＿＿＿，也有很多困难，特别是＿＿＿＿是成为＿＿＿＿的必备条件。

写作指导

1. 文章的题目。除了下面给出的文章题目外，你还能想出别的吗？请将你选定的题目写到稿纸的正确位置。

A. ＿首席执行官＿＿＿＿

B. ＿＿＿＿＿＿＿＿＿＿

C. ＿＿＿＿＿＿＿＿＿＿

D. ＿＿＿＿＿＿＿＿＿＿

E. ＿＿＿＿＿＿＿＿＿＿

2. 文章的开头。请从所给出的两种开头方式中选择一种，你也可以把两种开头的方式综合在一起使用,选择模板中对你有用的表达,有一些句子可以不要。例如：

在<u>现代社会</u>有这样一个群体，他们既不<u>是普通的职员</u>也不＿＿＿＿＿，而是＿＿＿＿＿……

3. 文章的中间部分。请从所给的材料部分概括出文章中间部分所需的内容，结合模板所提供的表达方式写出文章的核心内容。注意不用展开，每个特点用一句话概括即可。例如：

在工作上，＿＿＿＿＿的工作凭的是＿＿＿＿＿、＿＿＿＿＿、＿＿＿＿＿的个人素质。

在生活上，有时<u>参加时尚派对</u>有时＿＿＿＿＿。

4. 文章的结尾。请从所给出的两个模板的结尾中选择一种，你也可以把三种结尾的方式综合在一起使用。

二、请在下面一段话中合适的位置分别填上"的""地""得"，并指出它们前后的句子成分。

由于与同学约好去爬山，因此即使是周六我也如同上课一样早早起来了。当我睡眼蒙眬（　　）走向洗手间时,一名韩国同学迈着轻快（　　）脚步迎面走来。"你早！"我向他问好。他笑（　　）十分开心,说:"下雪啦！"说着便匆匆（　　）跑下楼去了。他那声音里透着欢快、激情。我也顿时睡意全消，赶忙向窗外眺望，雪纷纷扬扬（　　）飘落下来，洒满大地，望着银白（　　）校园，人们真不知道哪是路、哪是草地，只觉（　　）校园很静、很美、很纯。

三、给括号里的词选择恰当的位置。

（1）这个电影（A）很好看（B），我看（C）两（D）遍。（过）

（2）你吃（A）过（B）饭（C）吗（D）？（了）

（3）上星期（A）只晴（B）两（C）天（D）。（了）

（4）这儿前（A）几天（B）冷（C）一阵（D）。（过）

（5）下午我去找（A）他的时候，他（B）正（C）吃（D）饭呢。（着）

（6）多（A）穿（B）些衣服，外面下（C）雪（D）呢。（着）

四、改正下面句子中的错误，并说明原因。

（1）这次留学，我第二次到中国了。

（2）韩国的首都首尔是韩国政治、经济、文化得中心。

（3）我正看电视着呢，你自己去吧。

（4）下一步要考虑的就是上哪儿去好呢？

（5）发令员高高得把旗子举过头顶，比赛开始了，他跑地最快，得了第一名。

五、请从下列给出的词语里选择合适的词替代句中画线的部分。

我们　他们　你们　大家／大伙　这群人／这伙人／这帮人　×××们

（1）我和小王、小李一起去的长城。

（2）一班、二班的同学都同意学校的这项规定。

（3）你和你的两个同学都是从韩国来的吗？

（4）从事IT业的人都有很大的压力，因为在电脑领域里竞争太激烈了。

（5）王老师、张老师、李老师三个经常在一起讨论教学问题。

六、选择适当的词语搭配，并用直线将相搭配的词语连接起来。

经营	国家
提供	责任
承担	方向
制定	速度
掌握	事业
保持	方便
追求	方式
热爱	规章

七、阅读课文，选择正确的答案。

（1）京城外企白领给人的印象是：＿＿＿＿＿＿

　　A. 改革开放中成长起来的中国知识分子。

　　B. 匆忙出入高档写字楼，衣着得体的青年；能熟练用外语与外国人对话的知识分子；频繁进出机场的旅客。

　　C. 他们中一些人也要跳槽，有的公司一年大约有三分之一的员工在流动变化。

　　D. 京城的外企白领们自觉承担了义不容辞的社会责任。

（2）"十几年学校的教育，使他们掌握了科学文化知识，有了进入外资企业的资本。"这句话的意思是：＿＿＿＿＿＿

　　A. 京城外企白领们有了进入外企的奖牌。

　　B. 京城外企白领们有了进入外企的金奖牌。

　　C. 京城外企白领们具备了进入外企的资本。

　　D. 京城外企白领们在科学文化方面是第一名。

（3）"京城外企白领们也有着自己的衣、食、住、行。"具体表现在：_____

    A. 一家外资服装公司的几十名中方管理人员，连续多年每人自愿资助贫困山区的儿童上学，并多次捐款、捐物给京郊山区的小学。

    B. 严格的工作职责和晋升条件，容不得投机钻营；紧张有效的工作，容不得弄虚作假。

    C. 外企白领们挣得多，花得也多，比如，他们敢于购买商品房。

    D. 他们中一些人也要跳槽，有的公司一年大约有三分之一的员工在流动变化。

（4）"他们追求事业的发展，追求个人价值的实现。他们中的一些人也要跳槽。"这句话中，"跳槽"一词可以用以下哪个词替代：_____

    A. 跳远。

    B. 跳高。

    C. 换工作。

    D. 挑工作。

 课后写作

05

    写一篇介绍一个人物群体的记叙文。人物可以选取财经领域的人物或你身边熟悉的人物，尽量脱离写作模板，尝试自己列提纲写作。

_____

_____

_____

_____

_____

单元写作练习

个 人 简 历

一、关于个人简历

（1）"个人简历"一般包括："个人基本信息""教育背景""工作经验与求职意向""个人特长""联系方式"几个部分。

（2）"个人简历"的形式可以完全用文字表述也可以使用表格的形式。

（3）"个人简历"的叙述文字要求简洁、清晰。

二、个人简历范文

个 人 简 历

照片

个人信息

姓　名：李明	性　别：男
出生日期：1985 年 8 月	民　族：汉
身　高：1.80 米	体　重：70 公斤
国　籍：中国	目前所在地：北京
籍　贯：北京	婚姻状况：未婚

教育背景

2001.9—2005.6　北京大学经济管理学院毕业，获学士学位。

2005.9—2008.6　美国沃顿商学院毕业，获管理学硕士学位。

工作经验

2005.9—2006.9　曾在美国福特公司实习一年，担任市场部助理。

2006.11—2008.11　香港利华公司工作两年，担任市场部经理。

2008.12—2010.12　美国通用公司中国分公司，担任总经理助理。

本人具有海外与中国本土的工作经验，可以胜任国外独资企业或中外合资企业的工作。在世界领先企业中工作多年，在市场开拓、公司管理方面积累了丰富的经验。求职意向为市场销售、商业管理方面的中、高级职位。

个人特长

本人性格稳重，做事踏实，勤奋好学，工作严谨，自觉服从公司纪律，对公司忠诚，善于与同事相处，具有很好的合作能力。熟悉中外文化，工作中能够熟练地应用英文交流。独立工作能力强，思维敏捷，有很强的创新意识。

联系方式

通信地址：北京市朝阳区慧新里一号院 ××。邮编：100029

电　话：136×××××××

E-mail: liming@sina.com

QQ: ×××××××

三、个人简历模板

照片

个 人 简 历

个人信息

姓　　名：＿＿＿＿　　　性　　别：＿＿＿＿

出生日期：＿＿＿＿　　　民　　族：＿＿＿＿

身　　高：＿＿＿＿　　　体　　重：＿＿＿＿

国　　籍：＿＿＿＿　　　目前所在地：＿＿＿＿

籍　　贯：＿＿＿＿　　　婚姻状况：＿＿＿＿

教育背景

＿＿＿＿（时间）＿＿＿＿＿＿＿＿＿＿＿＿（经历）

＿＿＿＿（时间）＿＿＿＿＿＿＿＿＿＿＿＿（经历）

工作经验

＿＿＿＿（时间）＿＿＿＿＿＿＿＿＿＿＿＿（经历）

＿＿＿＿（时间）＿＿＿＿＿＿＿＿＿＿＿＿（经历）

＿＿＿＿（时间）＿＿＿＿＿＿＿＿＿＿＿＿（经历）

本人具有＿＿＿＿（学历或工作经验的说明），可以胜任＿＿＿＿工作。在＿＿＿＿（曾经工作过的地方）工作＿＿＿＿年，在＿＿＿＿方面积累了丰富的经验。求职意向为＿＿＿＿职位。

个人特长

本人性格＿＿＿＿，做事＿＿＿＿，工作＿＿＿＿，对公司忠诚，善于_____，具有很好的_____能力。熟悉_____，工作中能够熟练地应用_____。_____能力强，思维_____，有很强的_____。

联系方式

通信地址：_____。邮编：_____

电　　话：_____

E-mail: _____

QQ: _____

四、写作任务

参考个人简历模板制作一份个人简历。

五、写作指导

先在教师的指导下完成下列句型造句，再完成写作任务。

1. ×××具有……经验，能够胜任……。

2. ×××善于……，具有很好的……能力。

3. ×××年，毕业于……，在……工作××年，担任……职务。

第二单元 品牌故事

UNIT 2

课前预习

1. 你怎样看待可口可乐这种饮料？

2. 读完课文后，请你用自己的话讲述一下可口可乐的创业传奇。

第五课

可口可乐创业传奇

词汇解释

破烂不堪	pò làn bù kān	由于时间长或使用久而变得残破。
有朝一日	yǒu zhāo yí rì	总有那么一天。
如获至宝	rú huò zhì bǎo	就像得到了最好的宝贝。
欣喜若狂	xīn xǐ ruò kuáng	欢喜、快乐达到了极点。
琳琅满目	lín láng mǎn mù	比喻各种美好的东西很多。
爱不释手	ài bú shì shǒu	喜爱到舍不得放手。
攒	zǎn	积聚、储蓄。
拜访	bài fǎng	访问。
敷	fū	抹上、涂上。
笑逐颜开	xiào zhú yán kāi	眉开眼笑，很高兴。
风靡	fēng mǐ	形容某种东西非常流行。
回扣	huí kòu	帮助采购或代卖主招揽生意的人向卖家要的雇佣金。
蒸蒸日上	zhēng zhēng rì shàng	事业一天天向上发展。
应运而生	yìng yùn ér shēng	顺应合适的时间和机会而产生。

课文分析

文章开头部分

今天，世界上大多数人都知道可口可乐是什么，它的诞生是一个很有传奇色彩的故事。可口可乐公司的创始人阿萨·格里格斯·坎德勒出生在 150 年前。阿萨小时候正值美国南北战争。在他的家乡小镇维拉里卡驻扎着一小队南军士兵，有几位住在坎德勒家。军医**破烂不堪**的急救箱中各式各样的瓶瓶罐罐吸引了小阿萨的注意。他常常一连几小时地盯着这些宝贝，十分美慕。他连想也不敢想**有朝一日**能拥有这样的一些普通容器。军队撤离时，好心的军医送给阿萨一个空瓶子，年幼的阿萨**如获至宝，欣喜若狂**。就在此刻，阿萨知道了自己今后的使命。

📖 阅读指导

1. 本篇课文的开头有什么特点？
2. 故事开始于什么时间？

📖 相关句型

1. 今天，世界上大多数人都知道……，它的诞生是一个……的故事。
2. ×× 连想也不敢想有朝一日能……

文章中间部分

战争结束后，父亲送阿萨进了大学，他没念几年就退学了。1870 年，阿萨做了一名药剂师的售货员。这是他一生中最快乐的日子。他每天都要把许多试管、小瓶之类的东西摆上货架。这些器皿**琳琅满目**，令阿萨**爱不释手**，药剂师对助手的勤勤恳恳自是心满意足。商店生意见好，阿萨也**攒**了一笔钱，开了一家自己的药店。梦想终于成真：阿萨认为自己将拥有世界上所有的瓶罐。

📖 阅读指导

这一自然段写了发生在什么时间的什么故事？

1886 年，阿萨来到了亚特兰大。他来到亚特兰大之后做的第一件事，就是结识当地所有的药剂师。其中有一个人阿萨很喜欢，他就是 55 岁的约翰·彭伯顿。这个人参加过南北战争，医术不错。他俩交往了几个月，相互**拜访**。阿萨把自己患头痛病的事告诉了彭伯顿，还把自己收藏的各类瓶罐展示给他看。几星期之后，彭伯顿又来到城里。他拴好了马，一路悄悄地溜进朋友的药房。阿萨躺在摇椅里，头上敷着湿毛巾，头痛又发作了。彭伯顿把一个黄铜茶壶放在他面前，放入一些粉末和溶液，用一根木棍搅拌了很长时间，然后把做好的饮料递给阿萨品尝。阿萨看着朋友的一举一动，感觉非常好奇……几分钟后，头痛居然消失了！而且饮料的口感非同一般。阿萨难以掩饰住兴奋，把饮料的成分研究了很久。两人嘀咕了一阵，接着阿萨从书架上的密盒中取出所有的积蓄——2300美元。彭伯顿**笑逐颜开**，递给阿萨一张纸条——饮料的配方：椴树、桂皮、古柯叶（Coca）和可拉（Cola）树种子的混合物，再加上汽水和少量酒精——就是这个了不起的配方。阿萨的助手用配方中的两种成分名称给饮料取了一个名字：可口可乐（Coca-Cola）。日后**风靡**全球的清凉饮料就这样诞生了。

现在，阿萨的瓶罐终于派上了用场，头痛也不再犯了。他开始填补冷饮市场的空缺。最初，他每天能卖出9罐可口可乐，每罐5分钱。商店门口挂着一幅招贴画，可口可乐被说成是"强身健体、醒脑提神的最佳饮品"。同时，阿萨利用自己在医药生意上的关系，让可口可乐很快出现在亚特兰大所有的药店里。他渴望可口可乐的广告无处不在。阿萨给可口可乐的销售商**回扣**和礼物作为报答。这些礼物是印着可口可乐标记的手表和日历。所有地方报纸上都登载着获得可口可乐的免费券。在这场广告宣传活动中，阿萨率先动用了一名女歌星：她每到一地都声称她非常喜欢喝可口可乐。

▶ 阅读指导

1. 这两个自然段讲述的事情发生在什么时间、什么地点？

2. 用自己的话讲述一下可口可乐从一张配方到开发成饮料的过程。

▶ 相关句型

1. ××……之后做的第一件事就是……

2. 最初……，同时……

在精心策划之下，阿萨的事业蒸蒸日上。很快，可口可乐就遍布全国各地；1895 年，芝加哥的可口可乐工厂建成。到 1909 年，全美已有 400 个可口可乐生产厂家。阿萨并没有忘记自己心爱的小瓶子。他开始酝酿一个新想法——他要为"最佳饮料"设计最佳瓶装。"我希望人们一经触摸，就知道拿的是可口可乐。"他说。阿萨亲手设计了膨胀形状的玻璃瓶和铁瓶塞，取代原来的陶罐。到了 1915 年，印第安纳州的两个商人和阿萨一块想出了一个新方案，这就是著名的"曲线"型可乐瓶。这个造型富有观赏性，即使在黑暗中也能辨别出来。这个设计在可口可乐的推广过程中起到了巨大的作用，整个美利坚都被征服了。阿萨又开始拼命把可口可乐销往国外。1928 年，可口可乐进军奥运会：美国队把 1000 箱可口可乐带到了奥运会举办地——阿姆斯特丹。

阅读指导

这个自然段的重点内容是什么？

相关句型

在……之下，×× 的事业蒸蒸日上。

文章结尾部分

一年后，阿萨因心脏病发作去世。就在这一年，阿萨的公司被变卖给别人。故事到这里并没有结束。自从阿萨去世以后，饮料中没有了古柯和可拉成分，天然咖啡因也被人工的取代。后来，出现了出售可口可乐的机器和白铁罐。"雪碧"和"芬达"也应运而生。但是，阿萨与可口可乐的传奇，在亚特兰大一直流传至今。

阅读指导

在文章的结尾，可口可乐发生了什么变化？

阅读总结

在教师的指导下，与你的同桌讨论，本课是如何叙述可口可乐的创业传奇的，列出本课的写作提纲。

要点讲解

一、写事的记叙文

写事的记叙文就是以记叙事件的发生、发展过程为主要内容的记叙文。本文是按时间发展顺序记事的记叙文。

二、汉语中表示时间的一些说法

1. 点明具体时间的词语
例如

1）星期一

2）1997 年 8 月

3）当他刚走进教室的时候

4）战争年代

5）一个小时以前

6）午饭时

7）在他走的时候

8）刚来了没几天

2. 表示时间推移的词
例如

1）一年后

2）后来

3）从此以后

4）半年过去了

5）不知过了多久

6）过了一段时间以后

7）时间一天一天过去了

3. 汉语中有些是不直接使用时间词语而指出时间的推移变化的

例如

1）商店生意见好，阿萨也攒了一笔钱，开了一家自己的药店。

2）两人嘀咕了一阵，接着阿萨从书架上的密盒中取出所有的积蓄——2300美元。

3）在精心策划之下，阿萨的事业蒸蒸日上。

4）等到他们再次见面时，仍然能认出对方。

5）学习了几篇文章，他仍然不太明白。

三、文章开头的多种形式

1. 文章开头直接点题

例如

本课课文的开头是这样的："今天，世界上大多数人都知道可口可乐是什么，它的诞生是一个很有传奇色彩的故事。"

又如朱自清先生的《背影》一文的开头这样写道："我与父亲不相见已二年多了，我最不能忘记的是他的背影。"

2. 文章开头描写、渲染气氛是为下面的叙述做准备

例如

《火车上的一件小事》是写发生在火车上的事情，文章的开头是这样的："这

是一列从广州开往桂林的火车，伴着'隆隆'的声音，周围是一片喧闹，车厢里到处是乱扔的果皮，几个小孩在通道上来回地跑着互相打闹。"

《和朋友登泰山》是写登泰山的故事，文章这样开头："周围是茂密的树林，眼前是一眼望不到头的石台阶，因为没有路灯，我们用手电照着前进，我已经累得满头大汗了。"

3. 交代一些与事件相关的基本要素

例如

《挥手之间》写毛泽东从延安的飞机场坐飞机到重庆谈判。文章的开头，交代了事件发生的时间、地点："一九四五年八月二十八日清早，从青凉山望下去，见有不少人顺着山上大路朝东门外飞机场走去。"

4. 引人入胜的提示法

例如

《第二次考试》的开头是这样的："音乐家苏林教授发现了一件奇怪的事情：在这次参加考试的 200 名考生中，有一个二十多岁的女生陈伊玲，初试成绩十分优异，声乐、视唱、练耳和乐理都列入优等，尤其是她的音色美丽、音域宽广，令人赞叹。而复试时却使人大失所望。苏林教授一生桃李满天下，但这样年轻而又有才华的学生却还是第一个，这样的事情也还是第一次碰到。"

这段开头提出了一件奇怪的事情，引起读者的注意，自然会使人产生疑问："这是为什么？"急于从后文中寻找答案，从而增强了文章的吸引力。

《感动》这篇文章的开头是这样的："有人曾问我，什么事让你感动呢？我不敢说，因为也许那些让我感动的事你觉得不值一提。"用一个疑问句开头，引出要说的内容。

课堂读写练习

04

一、仔细阅读下面一段材料，提炼材料的内容，用后面给出的模板写成一篇200字左右、按时间顺序记事的小作文。

▶ 写作材料

　　默多克的新闻集团现在是世界上最大的传媒集团之一，它的经营范围遍及五大洲，在全球的52个国家里拥有789个企业，有报纸200余种。到2001年为止，默多克的家庭资产已经达到210亿美元。这个庞大的传媒帝国，有着它不同寻常的艰难的创业史。新闻集团的起家是从一张小报开始的。1953年，默多克接办了他生平的第一份报纸——《阿德雷德新闻报》。在默多克创业之初，手中的祖传基业是非常单薄的。但很快，凭借出色的经营才能，默多克就收购了悉尼的几家报纸，除此以外，在澳大利亚还获得了多家印刷厂。随后，新闻集团开始向世界传媒的主流地区转移。1968年秋，英国最大的星期日周报《世界新闻报》开始转手，新闻集团购买了该报40%的股份。然而，默多克认为一份周报还不足以满足自己，他希望能够再买下一份日报。此时，伦敦的《太阳报》因为销售量从150万下降到85万，正面临出售的局面，默多克买下《太阳报》，并使它成为了一份独树一帜的新颖报纸，年销售量迅速攀升至200万份。到20世纪80年代至90年代初期，《太阳报》成为日销量最大的英文报纸。1981年2月默多克又以1200万英镑的价格完成了对《泰晤士报》的收购，完成了新闻集团在英国的报业市场中的扩张之旅。80年代，默多克加入美国国籍，并收购了福克斯公司。收购福克斯公司是默多克建立现代化传媒帝国的关键。福克斯公司不仅拥有好莱坞的制片厂，还在华盛顿、纽约、芝加哥、洛杉矶、波士顿、休斯敦和达拉斯七大城市拥有电视台。市场分析家估计，福克斯公司的这七家电视台可以使22%的美国家庭收到他们的节目，并占据了23%的美国电视广告市场，新闻集团的发展开始进入了鼎盛时期。而新闻集团进入中国市场的标志是 1993 年新闻集团收购李嘉诚家族的卫星电视星空卫视（STAR TV）。此后，新闻集团又开始进军印度市场。至此，新闻集团在亚洲两个拥有世界最多人口国家的传媒市场占有了一席之地。新闻集团将互联网业务称为其第三代资产。从 2005 年开始，新闻集团斥资 12 亿美元收购 MySpace 的母公司 Intermix 以及 IGN 娱乐公司，开始由传统媒体向数字媒体转变。

写作模板（按时间顺序记事）

（文章开头 1）

_____年，_____个来自_____的_____在_____创办了自己的公司，开始了艰辛的创业。当时，_____连想也不敢想有朝一日这家公司的名字能_____，这就是当今已成品牌的_____公司。

（文章开头 2）

今天，世界上大多数人都知道_____是什么，而它的诞生却是一个很有传奇色彩的故事。

（文章中间部分 1）

创业之初，×× ____的第一件事就是_____。最初_____同时____。
____年，____经历了这样一件事：_____。这件事过后，____公司的事业得到了进一步的发展。_____。
____年之后，在____的努力之下，公司的业务开始遍布_____。在发展战略上也做了相应的调整，_____。公司的发展进入了鼎盛阶段。

（文章中间部分 2）

____的创建者是____。____年，很多人还不知道____是什么。____的创业经历在开始时遇到了很多困难_____。

　　_____年，_____的营业额不可思议地做到了_____。也就在这一年，_____开始受到_____的关注。_____。

　　_____年，_____（公司名）开始拓展自己的业务，进入_____。让人感到惊讶的是：创业_____年，_____就_____。_____。

（文章结尾 1）

　　_____的创业故事，带给我们很多启示，其中最能引人思考的就是_____。

（文章结尾 2）

　　_____创业传奇还没有完，凭着企业的_____，让我们期待着新的传奇的出现。

写作指导

1. 文章的题目。除了下面给出的文章题目外，你还能想出别的吗？请将你选定的题目写到稿纸的正确位置。

　　A. ＿＿"新闻集团"的发展故事＿＿

　　B. ＿＿＿＿＿＿＿＿＿＿＿＿＿＿

　　C. ＿＿＿＿＿＿＿＿＿＿＿＿＿＿

　　D. ＿＿＿＿＿＿＿＿＿＿＿＿＿＿

　　E. ＿＿＿＿＿＿＿＿＿＿＿＿＿＿

2. 文章的开头。请从所给出的两种开头方式中选择一种，你也可以把两种开头的方式综合在一起使用，选择模板中对你有用的表达，有一些句子可以不要 。例如：

　　今天，世界上大多数人都知道_____是什么，而它的诞生却是一个很有传奇色彩的故事。_____年，_____个来自_____的_____在_____创办了自己的公司。

3. 文章的中间部分。请从所给的材料部分按时间概括出文章中间部分所需的内容，结合模板所提供的表达方式写出文章的核心内容。注意不用展开，每个特点用一两句话概括即可。注意按照时间顺序记事。例如：

　　_____年，_____经历了这样一件事：_____。

　　_____年，_____（公司名）开始拓展自己的业务，进入_____。

4. 文章的结尾。请从所给出的两个模板的结尾中选择一种，你也可以把两种结尾的方式综合在一起使用。

二、选择下列表示时间的词语给下面一段话填空。

几分钟后　　一周　　某一天　　立刻　　一个月　　好长时间　　马上

　　（　　），查尔斯发现他有些想家，于是给老同学贝拉打了个电话，问他是否能允许他在他家待上（　　）。贝拉是个热心人，他们已有（　　）没见面了。查尔斯（　　）带着所有的东西和一包脏衣服到了贝拉的家。（　　），客厅（　　）成了单身汉的窝。（　　）后，查尔斯还没有离开，他分明是把这儿当成了一个理想的食宿地。

三、根据课文中的上下文，在A、B、C、D四个选项中，选择与句中画线词语意思相近的一个。

　　（1）今天，世界上有94%的人都知道可口可乐是什么，它的诞生是一个很有传奇色彩的故事。_____

　　　　A. 出生　　　　B. 产生　　　　C. 发现　　　　D. 存在

　　（2）军队撤离时，好心的军医送给阿萨一个空瓶子。_____

　　　　A. 撤退　　　　B. 离开　　　　C. 离散　　　　D. 撤销

（3）阿萨把自己患头痛的事告诉了彭伯顿，还把自己收藏的各类瓶罐<u>展示</u>给他看。_____

　　　　A. 展现　　　　B. 展览　　　　C. 展露　　　　D. 展望

（4）他<u>拴</u>好了马，一路悄悄地溜进朋友的药房。_____

　　　　A. 捆　　　　B. 系　　　　C. 绕　　　　D. 缠

（5）现在，阿萨的瓶罐终于派上了用场，头痛也不再<u>犯</u>了。_____

　　　　A. 有　　　　B. 发作　　　　C. 侵犯　　　　D. 违犯

四、阅读课文，选择正确答案。

（1）作者在文章第一自然段，主要想交代的意思是：_____

　　　　A. 阿萨·格里格斯·坎德勒出生在 150 年前。

　　　　B. 阿萨小时候正值美国南北战争。

　　　　C. 世界上有 94% 的人都知道可口可乐是什么。

　　　　D. 军医破烂不堪的急救箱中各式各样的瓶瓶罐罐，使阿萨知道了今后的使命。

（2）"战争结束后，父亲送阿萨进了大学。他没念几年就退学了。"对这句话的理解是：_____

　　　　A. 阿萨进了大学。

　　　　B. 阿萨在大学里念了几年书。

　　　　C. 阿萨对念大学没什么兴趣。

　　　　D. 是阿萨的父亲送他进的大学。

（3）"阿萨的助手用配方中的两种成分名称给饮料取了一个名字：可口可乐（Coca-Cola）。"这两种成分是：_____

　　　　A. 椴树和桂皮。

　　　　B. 汽水和少量酒精。

　　　　C. 古柯叶和可拉树种子。

D. 桂皮和古柯叶。

（4）以下哪个选项不属于可口可乐的推销活动？_____

A. 阿萨给可口可乐的销售商回扣和礼物作为报答。

B. 所有地方报纸上都登载着获得可口可乐的免费券。

C. 阿萨率先动用了一名女歌星：她每到一地都声称她非常喜欢喝可口可乐。

D. 1895 年，芝加哥的可口可乐工厂建成。

（5）在阿萨的事业蒸蒸日上的时候，他开始酝酿一个新想法，与这个新想法有关的是：_____

A. 进军奥运会。

B. 可口可乐的配方。

C. 可口可乐的广告。

D. 阿萨自己心爱的小瓶子。

 课后写作

按时间发展的顺序叙述一件事，可以是某个品牌的创业故事，也可以是一件普通的事件。尽量脱离模板，尝试自己列提纲写作。

_____

_____

_____

_____

_____

_____

第二单元 品牌故事

UNIT **2**

课前预习

1. 通读课文，注意本课叙述事件的方式。

2. 你认为金莎巧克力突破常规在什么地方？

第六课

金莎巧克力——一个突破常规的故事

词汇解释

追溯	zhuī sù	追寻事物的由来。
试点	shì diǎn	在正式进行某项工作之前，做小型实验的地方。
品质	pǐn zhì	本课中指的是产品的质量。
零食	líng shí	正常饭食之外的零星食品。
避免	bì miǎn	设法不让某种情况发生。
上市	shàng shì	（货物）开始在市场上出售。
吻合	wěn hé	完全一样。
呆板	dāi bǎn	死板，不灵活。
营造	yíng zào	创造、创建。
意料不到	yì liào bú dào	事先对情况、结果等没有想到。
一鸣惊人	yì míng jīng rén	比喻平时表现一般，一干就有惊人的成绩。
摒弃	bìng qì	扔掉不要，舍弃。
与众不同	yǔ zhòng bù tóng	跟别人不一样。
信念	xìn niàn	信心，自己认为可以确定的看法。
改良	gǎi liáng	去掉事物的个别缺点，使更适合要求。

课文分析

文章开头部分

如今，在亚洲各国市场，特别是华人占多数的国家和地区，如中国、新加坡等，金莎巧克力已成为巧克力糖果行业中的一股主流力量。金莎的消费层面很广，包括以日常个人消费为主的零食糖果市场，以及与节日有密切关系的个人或家庭礼品市场。金莎上市之初，在中国香港及台湾地区都创下了非常突出的纪录。经过近十年的经营，金莎的销售量将近占香港市场的30%，占台湾市场将近40%的比率。在华南地区，金莎也成为知名度和市场占有率最高的巧克力产品。金莎巧克力能有今天的成功，有它非同寻常的创业经历。

阅读指导

1. 注意文章开头部分的写法，与"可口可乐创业传奇"在开头部分的写法有什么区别？

2. 金莎巧克力如今的成绩有哪些？

相关句型

1. 如今，在……，……已成为……

2. 经过近××年的经营，××的销量占××市场的××。

文章中间部分

要**追溯**金莎在各市场的成长过程及成功因素，不得不从金莎进入亚洲最成熟、竞争最激烈的市场——中国香港说起。1984年金莎准备在亚洲上市，经研究后，决定以中国香港作**试点**。选择中国香港作为发展的基础是有充分的理由的，中国香港在亚洲具备较成熟的市场条件：从经济和社会结构上说，中国香港人均收入及人均消费是亚洲最高的；开放的社会结构，对外来的意识形态、生活习惯、崭新观念及产品的接受能力强；中国香港人对食品**品质**以及产品的形象很重视，青少年有喜欢吃**零食**的习惯，在中国香港有中西节日互送礼品的风俗，这些为巧克力糖果创造出非常理想的经营环境。从金莎巧克力所面对的市场结构看，金莎面对的中国香港香港市场是一个条件成熟，但急需新概念、新产品刺激的市场。在中国香港巧克力市场上，传统巧克力影响着巧克力的文化形成，必须要有创造性，才能**避免**与历史悠久、知名度高的品牌硬碰，而金莎的品牌就具有这种优势。

阅读指导

金莎巧克力为什么要选择进入中国香港市场？

相关句型

要追溯……，不得不／要从……说起。

1984 年，金莎在中国香港**上市**时，市场上的零售点大约有 4000 个左右。其中有一部分为超级市场及附设食品部的百货公司或便利商店。因为品质及形象的配合，上述零售点就成为巧克力的主要销售渠道，并且占总销售量很大的比重。金莎的销售人员经过调查也意识到：开展新的销售渠道将会困难重重，所以这时候非寻求突破不可。经过认真分析，金莎采取了突破传统的销售策略。选定了屈臣氏集团之下的连锁西药房及个人商店作为销售重点。屈臣氏的形象、经营方针、定位、新产品策略等在一定程度上与金莎有相似和互补的特性。屈臣氏当时以售卖高级化妆品、高价小礼品、配方西药及一些高级日用品为主。服务对象为追求高品位、高品质而愿意付出相应代价的高消费人士，其中以女性占多数。这与金莎理想中的形象和消费层面大致**吻合**。这个店当时约有 50 间分店，分布在中国香港各区高消费、高人口密度地区，屈臣氏在当时很受高消费顾客的爱戴，是一般消费者寻找高级个人消费品和接触时尚生活模式的理想场所。而金莎的金色包装，高雅而不**呆板**的形象，以及能**营造**节日气氛的特质又使屈臣氏多了一些温暖及亲切感。这正符合屈臣氏发展个人商店的方向。这样，在双方经营理念一致的情况下，业务发展相当顺利。顾客在屈臣氏的商店中，在毫无心理准备的情况下，在意料不到的环境遇上**意料不到**的产品。这种销售方式使金莎巧克力获得了空前的成功。

阅读指导

这一自然段介绍的是金莎哪一方面的特点？有什么与众不同之处？

相关句型

1. 经过……，×××采取了……的策略。
2. ……与……大致吻合。

在广告方面，金莎更是**一鸣惊人**。为了能在各品牌的众多的广告中让消费者留下深刻的印象，金莎的广告**摒弃**了传统形式，一开始就选定方向，广告的创意和制作都要表达金莎突破常规的特质。用"金莎吸引力，凡人无法挡"为广告主题，描述在不同场合，不同身份的人们，因为受金莎各种独特品质的吸引，在不知不觉中把金莎吃得一颗不留。

阅读指导

这一自然段主要叙述了金莎在哪个方面的突破常规？

金莎的**与众不同**还体现在它的经营哲学上。金莎在世界各地的经营都建立在这样几项重要的**信念**上。它们是：一要坚持有创造性，目的是开拓新领域，不往热门或已有众多竞争产品的市场上硬闯，避免没有必要的竞争；二要专注基本概念，基本概念一经诞生，便将它具体化而成产品，并选择最能表达这一概念的产品作为正式上市产品，一旦上市以后，就不轻易改变商品的规格或形式，只在原来的基础上进行不断的**改良**；三要注重对市场及消费者的研究，这是确定市场策略不可缺少的步骤；四是对产品品质的坚持，金莎坚持产品的品质，选用最好的原材料，往往为了体现产品的品质投入大量的财力及时间；五是产品要具有跨越不同地区市场的能力，金莎的产品有一个共同的特点，就是在产品进入市场以后不容易把它分类，往往同一产品，可以适应不同的市场需求，吸引不同的顾客。

阅读指导

这一自然段的主要内容是什么？

相关句型

一旦……就……

文章结尾部分

金莎巧克力以它一系列突破常规的经营方式，不仅在亚洲市场上取得了惊人的成绩，它的成功故事也成为一个典范，为业界带来很多值得借鉴的经验。

阅读指导

文章是如何结尾的？

阅读总结

在教师的指导下，与你的同桌讨论本篇课文的写作特点，列出本课的写作提纲。

要点讲解

一、倒叙

倒叙是汉语写作的一种叙述方式，一般先交代事件的结局，然后回过头来交代事件的开头和经过。像本文，先交代金莎巧克力现在的成功，再交代它成功的经过。

又如

今年的十月一日国庆节，我一直都在学校里，没有出去玩儿。望着宿舍外面的校园，我眼前又浮现出中国"丝绸之路"上的种种景象。（写现在）

那是去年五月，那时我在北京第二外国语学院学习，我认识一位在经贸大学学习的留学生，我们决定一起去旅游。中国的名胜古迹太多了，最后我们决定到中国有名的"丝绸之路"去看一看。第二天，我们出发了，行程的第一站是西安。出发前，另一位朋友为我们准备了一些韩国的小吃，让我们在火车上吃……（开始从头追述事件的经过）

（《我在中国旅行》）

二、段落之间的连接过渡

  汉语文章中每个段落的开始也应注意到各个部分之间的自然衔接，每段开始的第一个句子，也像文章的起始句一样，有承上启下的作用，交代出这一段的主要内容，同时也在两个内容之间起到过渡的作用。如：

  要追溯金莎在各市场的成长过程及成功因素，不得不从金莎进入亚洲最成熟、竞争最激烈的市场——中国香港说起。（这句话起到了承上启下的作用，点明了这一段要说的内容）

三、量词

  汉语量词可以分为两类：名量词和动量词。

1. 名量词

名量词非常丰富，常常和数词组成数量词充当定语。

例如

1）一支笔   2）一张纸

3）一件衣服   4）一套书

5）一只杯子   6）一句话

7）三篇文章   8）一部电影

9）一出话剧   10）一阵风

11）五条裤子   12）一个钱包

13）一盘菜　　　　　　14）四瓶酒

15）十幢房子　　　　　16）一包香烟

2. 动量词

动量词表示动作的单位，为数不多，主要有：次、遍、趟、回等。

例如

1）今天，他去了一次学校。

2）这部电影我已经看了三回了。

3）他已经去了好几趟了。

四、汉语中常用的虚词（1）

介词

汉语中，介词主要用在名词或名词性短语前面，共同组成"介词短语"，表示时间、处所、方式、条件、对象等。常用的介词有：

1）对于、对（引出动作的对象或与动作有关的人或事物）

例如

①对于韩国的同学，这个问题很简单。

②汉语学习，对我来说很困难。

2）在（经常与由方位词"上、中、下"等构成的方位短语构成介词短语，表示动作、行为的时间、处所、方位、条件或范围等）

例如

①在老师的帮助下，他的汉语水平提高得很快。

②只有在刻苦学习的基础上，才能取得更大的进步。

③在考试的过程中，他一直很紧张。

3）给（表示"对、向"等意义）

例如

①他给我说过这件事。

②大家一起给他拜个年。

课堂读写练习

04

一、阅读下面几段关于"宝马"的文字材料，用后面给出的模板写一篇 200 字左右的倒叙小作文。

写作材料

俗话说："坐奔驰，开宝马"，不是哪一个汽车品牌都能随随便便得到这样的评价的。遍布世界五大洲的"宝马"汽车虽然不是一个很庞大的家族，但它身上那种日耳曼式的气质使人不由自主地把它与"高贵典雅"联系在一起，就像那蓝天白云下的螺旋桨，映衬着它既古老而又现代的身躯驶向未来。作为国际汽车市场的重要成员，它的名字往往与成功、高贵和豪华这些词联系在一起。"宝马"的历史就像一杯上好的浓茶，需要你去细细地品味，品味它的传统、它的文化以及那迷人的气质。

1917 年，由企业家鲍博和金融家卡斯笛格利奥尼热共同创建的"巴伐利亚发动机制造股份公司"正式成立，它标志着"宝马"的正式诞生。因为航空发动机是"宝马"的第一代产品，因此，蓝天白云下飞速旋转的螺旋桨就自然成为"宝马"的标志。

1919 年 6 月，弗朗茨·柴诺·笛莫在没有增压舱或氧气面具的条件下为"宝马"公司创造了 9760 米的飞行高度世界纪录。如果不是因为缺氧，他还将继续刷新这一纪录。装载了"宝马"发动机的弗克飞机使飞行在当时的德国成为时尚。

在 20 世纪 20 年代，世界上有三分之一的飞机装备了"宝马"发动机。1928—1929 年，"宝马"接手德国艾森纳赫汽车制造厂，获得了生产 Dixi 小型轿车的许可证，于是 Dixi 成为"宝马"的第一种车型。虽然"宝马"产品的开发在慕尼黑进行，但直到 40 年代末它的汽车生产却是在艾森纳赫。"二战"前一段时间里，"宝马"在发动机、汽车、摩托车和飞机领域取得了飞速进步，其主要成就包括开发出了深受飞机制造商欢迎的优质三级风冷发动机；新型 6 缸 303 汽车发动机；R12 摩托车以及功率达 59.6kw 的新型 328 跑车等。

受战争的牵连，"宝马"在战后初期饱尝了战败之苦，不仅设备被分解，还被禁止生产汽车和参加车展。然而 501 型轿车的诞生为宝马的翻身创造了条件。该车是"宝马"战后生产的第一款轿车，是一款大型高级旅行轿车，车身由钢结构覆盖。随着 V8 发动机的配备，"宝马"502 豪华跑车也迅速成为大众瞩目的焦点。

20 世纪 50 年代末，"宝马"在生产经营上产生了一点儿麻烦，但财政上的问题并没有使"宝马"放慢前进的步伐，1960 年，它的 700 型轿车的第 20000 台驶下了生产线。1961 年，当它的 1500 型推出时，经营状况被彻底改变了。这是一款伟大的轿车，它创造了一个新兴的市场。六七十年代的"宝马"继续表现它优良的传统，在科技创新、新产品开发及品牌形象方面大踏步迈进。进入 90 年代，"宝马"继续在高档豪华轿车领域充当着它的领导角色，他们开始与劳斯莱斯合作并使汽车产量超过 50 万辆。

如今，蓝天白云下疾驰的"宝马"也遇到了新的挑战，世界范围的汽车兼并大战使"宝马"也难以幸免。"宝马"会有怎样的前途呢？让我们拭目以待。

▸ 写作模板（倒叙）

（文章开头 1）

近年来，_____已成为_____行业的一股主流力量。如今，_____的经营范围遍布（　　）、（　　）、（　　）等地区。_____的产品包括：_____。经过近

××年的经营，××的销量已占××市场的××。＿＿＿＿今天的成绩离不开它＿＿＿＿＿＿＿＿的创业经历。

（文章开头2）

今天，＿＿＿＿是一家规模遍及（　）、（　）、（　）的＿＿＿＿企业。它的产品已包括＿＿＿＿、＿＿＿＿、＿＿＿＿在内的＿＿＿＿种。到＿＿＿＿为止，＿＿＿＿的资产已达＿＿＿＿元。这个庞大的＿＿＿＿集团，有着它＿＿＿＿的创业史。

（文章中间部分1）

要追溯＿＿＿＿的成长，不得不从＿＿＿＿＿＿＿＿说起。＿＿＿＿年，＿＿＿＿开始了他在＿＿＿＿的创业。

＿＿＿＿年，在取得了最初的成功之后，＿＿＿＿＿＿＿＿开始进行销售策略的改革。＿＿＿＿＿＿＿＿＿＿＿＿＿＿＿＿＿＿＿＿＿＿＿＿＿＿＿。

＿＿＿＿在商业上的成功还体现在它的＿＿＿＿＿＿＿＿上。＿＿＿＿＿＿＿＿。

（文章中间部分2）

那是＿＿＿＿年以前，也就是＿＿＿＿年。＿＿＿＿创建了＿＿＿＿。创建之初，＿＿＿＿就实行了＿＿＿＿＿＿＿＿的计划。

＿＿＿＿年之后，＿＿＿＿在企业经营方面又实施了＿＿＿＿＿＿＿＿＿＿。

＿＿＿＿年，＿＿＿＿开始向＿＿＿＿发展，＿＿＿＿＿＿＿＿。

（文章结尾）

从＿＿＿＿的创业经历，我们可以看出，任何＿＿＿＿的成功都离不开＿＿＿＿、＿＿＿＿和＿＿＿＿，特别是＿＿＿＿＿＿＿＿，是＿＿＿＿＿＿＿＿成功必不可少的要素。

写作指导：

1. 文章的题目。除了下面给出的文章题目外，你还能想出别的吗？请将你选定的题目写到稿纸的正确位置。

     A.   "宝马"的成长故事

     B. _____

     C. _____

     D. _____

     E. _____

2. 文章的开头。请从所给出的两种开头方式中选择一种，你也可以把两种开头的方式综合在一起使用，选择模板中对你有用的表达，有一些句子可以不要 。例如：

    近年来，宝马已成为_____行业一股主流力量。这个庞大的_____集团，有着它_____的创业史。

3. 文章的中间部分。请从所给的材料部分概括出文章中间部分所需的内容，结合模板所提供的表达方式写出文章的核心内容。注意不用展开，每个事件用一两句话概括即可。例如：

    要追溯 宝马 的成长，不得不从_____说起。_____年，_____开始了它在_____的创业。

    1928—1929 年，宝马 开始向_____发展，_____。

4. 文章的结尾。请从所给出的两个模板的结尾中选择一种，你也可以把两种结尾的方式综合在一起使用。

二、用所给出的量词填空。

    个　只　件　根　块　本　双　副　队　群　遍　趟　阵　回

（1）看了三（　　　）　　　　　　（2）一（　　　）鸟

（3）两（　　　）班　　　　　　　（4）四（　　　）木棍

（5）几（　　　）衣服　　　　　　（6）这（　　　）书

（7）一（　　　）蛋糕　　　　　　（8）一（　　　）袜子

（9）一（　　　）对联　　　　　　（10）一（　　　）疼痛

（11）复习了几（　　　）　　　　（12）白跑一（　　　）

（13）一（　　　）人马　　　　　　（14）一（　　　）孩子

三、改正下面句子中搭配不恰当的词。

（1）上学期他有二门功课考得不好。

（2）这是一条不错的上衣。

（3）那是一篇好看的书。

（4）为了这件事，他跑了好几阵。

（5）开市人大代表大会时，他们俩个人又在一个小组里讨论。

（6）为了买一副合适的鞋，小张跑了好几条商店。

四、假定你要到商店买东西，请列出 10 种你要采购的商品，要求有量词和其他定语。例如：

（1）一台中国制造的空调

（2）一本新版的《现代汉语词典》

五、用下面几个介词写出一段话。

对　对于，　在（……上、……中、……下）　给

六、阅读课文，选择正确答案。

（1）"金莎巧克力已成为巧克力糖果行业中的一股主流力量。"在本篇课文中，巧克力糖果行业的市场，指的是：_____

    A. 中国香港。

    B. 中国台湾。

    C. 中国、新加坡。

    D. 亚洲各国市场，特别是华人占多数的国家和地区。

（2）金莎在亚洲上市，决定以中国香港为试点的原因是从下列哪些方面来进行分析的？_____

    A. 开放的社会结构，对外来的意识形态、生活习惯、崭新观念及产品的接受能力强。

    B. 中国香港人对食品品质以及产品的形象很重视，青少年有喜欢吃零食的习惯。

    C. 经济和社会结构以及所面对的市场结构。

    D. 中国香港有中西节日互送礼品的风俗。

（3）"屈臣氏的形象、经营方针、定位、新产品策略等在一定程度上与金莎有相似和互补的特性。"这表现在：_____

    A. 屈臣氏当时以售卖高级化妆品、高价小礼品、配方西药及一些高级日用品为主。

    B. 屈臣氏分布在香港各区高消费、高人口密度地区，屈臣氏在当时很受高消费顾客的爱戴。

    C. 屈臣氏服务对象为追求高品位、高品质而愿意付出相应代价的高消费人士，其中以女性占多数。金莎的金色包装，高雅而不呆板的形象，以及能营造节日气氛的特质又使屈臣氏多了一些温暖及亲切感。这正符合屈臣氏发展个人商店的方向。

D. 顾客在屈臣氏的商店中，在毫无心理准备的情况下，在意料不到的环境遇上意料不到的产品。

4. 在"描述在不同场合，不同身份的人们，因为受金莎各种独特品质的吸引，在不知不觉中把金莎吃得一颗不留。"这句话中，"独特"一词的反义词是：_____

    A. 独异。   B. 特别。   C. 一般。   D. 平凡。

5. "金莎吸引力，凡人无法挡"的广告主题的意思是：_____

    A. 有一种叫金莎的吸引力是无法阻挡的。

    B. 金莎能带给人很大的吸引力。

    C. 金莎巧克力的吸引力是所有人都无法阻挡的。

    D. 金莎巧克力的吸引力是平凡的人所无法阻挡的。

课后写作

按照倒叙的写法叙述一件事，可以是某个品牌的故事，也可以是一件普通的事件。尽量脱离写作模板，尝试自己列提纲写作。

_____

_____

_____

_____

_____

_____

_____

第二单元　品牌故事

UNIT **2**

 课前预习

1. 文中讲述的耐克的故事与阿迪达斯有什么关系?

2. 本文在叙述方式上有什么特点?

第七课

阿迪达斯的忧伤

 词汇解释

无可匹敌	wú kě pǐ dí	没有能够可以与它相比的。
相形见绌	xiāng xíng jiàn chù	跟另一个人或事物比较起来，显得远远不如。
别出心裁	bié chū xīn cái	有独创性，与众不同。
缔造者	dì zào zhě	创立者。
无可救药	wú kě jiù yào	指人或事物到了不能被挽救的地步。
妨碍	fáng ài	阻碍，阻挡。
失落感	shī luò gǎn	精神上产生的空虚或失去寄托的感觉。
资深	zī shēn	在某一领域中资历深或资格老。
有据可查	yǒu jù kě chá	没有凭空胡说，是有根据的。
尖兵	jiān bīng	一般指在从事某种事业时走在前面，开创道路的人。
热衷	rè zhōng	十分喜爱。
涌现	yǒng xiàn	（人或事物）大量出现。
蕴含	yùn hán	包含，积蓄。
促销	cù xiāo	推动、促进商品的销售。
不惜代价	bù xī dài jià	不顾一切，舍得一切。
不厌其烦	bú yàn qí fán	非常有耐心，一点也不烦。
不遗余力	bù yí yú lì	用尽一切力量地去努力。
仿效	fǎng xiào	模仿。
无与伦比	wú yǔ lún bǐ	在同类的人或事中没有能够同它相比的。
土生土长	tǔ shēng tǔ zhǎng	在当地生长的。
莫名其妙	mò míng qí miào	事情奇怪得让人无法理解。

瞬息万变	shùn xī wàn biàn	在极短的时间里变化非常快。
根深蒂固	gēn shēn dì gù	基础稳固、不容易被动摇。
淋漓尽致	lín lí jìn zhì	形容文章或谈话详尽透彻，也指暴露得很彻底。
体无完肤	tǐ wú wán fū	形容浑身受伤，没有一块好的地方。

课文分析

文章开头部分

　　阿迪达斯，曾经优秀得**无可匹敌**的运动鞋，很长的一段时间里，使其他品牌的鞋子**相形见绌**。其成功的主要原因是良好的质量、信誉和款式的**别出心裁**。1954 年世界杯足球赛，德国足球队非常神奇地击败了原本夺标呼声很高的匈牙利队，夺得了冠军。他们所穿的阿迪达斯运动鞋的鞋底布满鞋钉，能使穿鞋者非常有效地稳住自己的身体。这是阿迪达斯飞快成名的一个实例。阿道夫·达斯勒便是这家公司的**缔造者**和长达 30 年的统帅人物，然而，在 1978 年达斯勒先生去世时，他甚至觉得阿迪达斯同自己的生命一样**无可救药**。达斯勒先生临终时感到遗憾的是如果自己没有犯下那些本该避免的错误，也许，阿迪达斯依然占据着统治地位。一连串的失误直接**妨碍**了阿迪达斯鞋子向前奔跑的速度。

阅读指导

　　1. 文章在开头部分写了什么？

　　2. 1954 年的世界杯足球赛在阿迪达斯的发展史上起到什么作用？

相关句型

　　1. ……，曾经……，……

2. 如果没有……，也许，××依然……

文章中间部分

企业家对失误的痛心并不完全在于金钱，更重要的，是对自身地位被缩减的恐惧及行为价值被否定的巨大**失落感**。他无论如何都无法接受这一市场竞争的残酷结果——尽管他是一个**资深**的商人，优秀的经济学实践者。

有据可查的事实是，20世纪五六十年代，至少85%的运动员穿着阿迪达斯运动鞋，一双这样的运动鞋几乎是一个标准运动员基本的脚上装束。甚至到了70年代中期，阿迪达斯公司仍然被看作是不可超越的**尖兵**。70年代下半叶，有一个微妙的现象发生了：美国人开始**热衷**于散步和跑步，运动鞋的销量逐渐大增。当4000万美国人把手伸向运动鞋柜台时，不少制鞋公司纷纷出现，连南斯拉夫和远东地区都**涌现**了无数运动鞋加工厂。此时，阿道夫·达斯勒先生却没有敏锐地意识到这一变化所**蕴含**的巨大意义，他严重低估了市场需要和竞争对手的实力。这个错误使得阿迪达斯失去了在运动鞋市场上的绝对统治地位。这个错误也使它的一个竞争对手成为知名的品牌。这个品牌叫"耐克"。

阅读指导

这两个自然段叙述的达斯勒先生的失误是什么？

相关句型

1. ……并不完全在于……，更重要的，是……

2. ××无论如何都……，尽管……

3. 当……时，……，连……都……

耐克公司，一家似乎很不起眼的美国公司，20世纪70年代末突然"抖"起来了。它的创始人菲利普·耐特还在斯坦福攻读硕士学位时，就梦想着有一天自己能够建立一个世界头号运动鞋公司。1962年，他硕士毕业后，便开始将自己的计划付诸行动。他飞到日本，找到当时一家专门仿制阿迪达斯产品的虎牌运动鞋公司。他说服该公司总经理，让他担任虎牌运动鞋在美国的代理商。菲利普·耐特回到美国后，找到自己以前上大学时的田径教练贝尔·鲍曼，两人分别投资500美元，正式注册了一家名叫蓝缎带的运动品公司，开始在各高中田径运动会上**促销**虎牌运动鞋。产品出来了，下一步是如何快速地把它打入市场。耐特没有单纯依赖广告的投放，而是把目标放在吸引优秀运动员穿耐克运动鞋上。恰好这年夏季，奥运会田径赛在美国俄勒冈的尤金举行，而鲍曼是美国队的教练。耐特充分利用这一机会，让几名最优秀的运动员穿着耐克运动鞋上了赛场。结果一炮打响，让人们记住了耐克的产品。耐克所凭借的是**不惜代价**地网罗专家、**不厌其烦**地开发新产品、**不遗余力**地寻求市场销路。仿佛是一夜之间的事情，多达140余种运动鞋的式样被开发出来了，并以迅捷的速度摆上商店的柜台，穿在无数爱好运动者的脚上。以下这组数字可以直观地说明以上所述事实："耐克公司"的销售额：1970年，200万美元；1975年，880万美元；1976年，1400万美元！耐克公司最初是沿用阿迪达斯公司初创时使用的生产经营思路，但他们将所学的种种技巧发挥得出神入化。仿效固然也是一门学问，但虚心好学的耐克公司既重**仿效**，又重视自我个性，绝对是个**无与伦比**的好学生，况且，运用阿迪达斯的那一套反过来展开强硬攻势，点到痛处，击中要害，其势更不可挡。学生最终击败了自以为是的师傅。

阅读指导

用自己的话叙述一下耐克成功的创业过程。

相关句型

1. 以下这组数字可以直观地说明以上所述事实：……
2. ……既……，又……，况且……

这时的阿迪达斯老板阿道夫·达斯勒先生已近老年，他的精力当然大不如前，然而，应该指出，他所犯的却是一个低级错误，不是年龄因素所能解释得了的。

首先，达斯勒先生完全低估了市场对运动鞋急速增长的需求。虽然德国与美国相隔大片陆地和整整一个大西洋，但不能否认，市场信息应该是很通畅的；也不在于耐克公司是在美国**土生土长**的，因为，对于欧洲市场，达斯勒先生居然也**莫名其妙**地忽略了，以至后来竟然还让耐克公司全面登陆。达斯勒先生一向固执地认定，运动鞋的销量不可能长久地呈直线上升趋势，它的上升肯定是缓慢的、沉稳的。他甚至认为，让街上这些衣冠楚楚的先生小姐都套上这类好像过于随意的运动鞋，简直是在做梦。因此，即使好奇的美国人喜欢它，也不过是一时的新鲜和热闹，根本用不着扩大投资，扩大生产规模或者说花很多人力、物力跑到美国去推销阿迪达斯。曾有市场预测人员向他提供能够说明目前市场动态的一些材料，可日耳曼人的固执和保守使达斯勒先生依然不为所动，他觉得不需要有太多改变，短短几年后，他终于醒悟了，但此刻大势已去。

其次，达斯勒先生过高地评价了自己所拥有的市场竞争实力。反正胜券始终在握，主动权一直握在自己手里。在**瞬息万变**的市场中，这样的想法在如此一家大公司里居然**根深蒂固**，这实在太不可思议了。应该说，在整个20世纪70年代，阿迪达斯公司的销售量基本上仍呈上升趋势，只是这个趋势与总需求存在着极大的不相称。销售额上升的表象后面，可能正掩盖着市场占有率下降的趋势。表面的繁荣使得达斯勒先生的自我感觉更加良好，二十多年独霸天下也使他无法摆脱巨大的优越感。的确，大公司的骄狂、大公司老板的不可一世在他身上表现得**淋漓尽致**！当局势终于大坏，所有人都大惊失色的时候，阿迪达斯公司采取了必要的行动：研究新产品、扩大宣传、登陆美国、组织倾销。然而这一剂剂补药并不奏效，很大的一块肉被他人割去了，原本强劲的公司几乎**体无完肤**。

阅读指导

面对耐克公司的崛起，达斯勒先生是怎么做的？用课文中的句子来回答。

相关句型

1. 对于……，××居然也……了，以至于……

2. 即使……，也不过是……，根本用不着……

文章结尾部分

就这样，20世纪70年代末，阿迪达斯的鞋子不得不跑慢了，这是达斯勒先生最不愿意看到的一幕。一生的热情都投注在了这双鞋子上，在画上圆满的功成名就的句号之时竟然跌了一跤。谁能理解临终时这位知名商人的复杂心情呢？不错，不论是谁，最大的遗憾往往是自身居然没有把握住最关键的那几步。

阅读指导

文章的结尾部分是怎样总结的？

相关句型

就这样，……不得不……了，这是××最不愿……

阅读总结

在教师的指导下，与你的同桌讨论本课的写作特点，列出本课的写作提纲。

要点讲解

一、插叙

在叙事过程中，有时会涉及另外一件事或一个人，就需要将叙事暂时中断而插进几句或一段必要的交代，这就是"插叙"。本文是叙述阿迪达斯的故事，中间，插入叙述了耐克的创业故事。

二、汉语中常用的虚词

连词

用于连接词、短语、分句和句子等。常用的连词有：

1）和 / 跟 / 同 / 与 / 及 / 以及（表示联合关系，连接并列成分）

例如

① 我们和日本方面的合作一直都很愉快。

②在日本访问的中国法律工作者代表团、中国歌舞团和中国五金进出口公司代表团，今天启程回国。

2）或 / 或者（表示选择，或甲或乙，多项选一）

例如

① 今天或明天，你愿意哪天去就哪天去。

② 先吃饭，吃完饭咱们去看电影或者去唱歌。

三、关于"猜词"

在阅读汉语文章时，常常会遇到我们不认识的生词。这时你可以试一试，用猜测的方式猜出它的意思。汉语中，一般猜词的方法有两种：

1. 从字面意思入手

汉语中很多词从词的字面本身就能大概猜出它的意义，**如：**

"爱情"是古今中外为人们所极力表现的一个永恒的主题。

在这句话中，"主题"这个词的意思可以从字面上看出来，"主"就是主要的意思，"题"是"问题"，也可以引申为"内容"，在这句话中，"主题"的意思就是主要内容。

2. 根据上下文语境做判断

除了根据词的字面意思猜测词的意义以外，还可以根据上下文的语言环境做判断，如：

《读者文摘》在亚洲各地做了个实验。他们在 14 个城镇中，总共放了 140 个皮夹子，每地放 10 个。每个皮夹子里都有人名、当地住址、电话号码、家庭照片以及折合 10～50 美元的当地货币现金。为了避免测试结果发生偏差，他们在较贫穷的城市，把皮夹里的钱稍微减少一些，毕竟 50 美元在东京大约只是两个生意人的一顿午餐费，而在别的地方却可能是小市民一个月的工钱。

根据上下文，猜测"工钱"这个词的意思。这一段的文字与钱有关，"工钱"这个词字面的意思与工作、金钱都有关系，在"工钱"这个词出现的句子中又有一个时间期限，因此可以猜出，它的意思是"工资"。

课堂读写练习

一、阅读下面两段文字，用插叙的写作方法，将它们合成一篇 200 字左右的文章。

写作材料

文 章 之 一

在饮料市场中，可口可乐与百事可乐之间的竞争一直都在进行着，虽然百事可乐比可口可乐晚出现 12 年，但在与可口可乐的竞争中，百事可乐却连连领先。这两种可乐的竞争主要体现在宣传上，宣传的形式多种多样，有传统形式的宣传，也有引人注目的网络宣传。在传统的宣传上，百事可乐与可口可乐之间的宣传战是经历了一个漫长的过程的。1929 年，当可口可乐正忙于开拓国外市场时，百事可乐抓住时机，发动了一场战略进攻。当时美国经济增长缓慢，进入 20 世纪 30 年代经济大萧条时期，消费者对价格很敏感，所以在这次进攻中，百事可乐主要向公众灌输这样一个概念：同样 5 分钱，原来只可买到 6.5 盎司一瓶的可口可乐，现在却可买到 12 盎司一瓶的百事可乐。同时，百事可乐利用电台大做广告宣传"同样价格，双倍享受"的利益点。这个策略成功地击中了目标，尤其是年轻人的市场，因为他们只重量不重质。结果可口可乐陷入了困境。60 年代，第二次世界大战后的新一代已步入社会，成为社会的主要消费对象。许多迹象表明：谁赢得青年一代，谁就会取得成功。百事可乐敏锐地发现了这一变化，把广告战略的重点放在朝气蓬勃的战后成长起来的年青一代身上。1964 年，百事可乐喊出"奋起吧！你是百事的一代"，大大影响了年轻人的传统意识。到 60 年代中期，美国年龄在 25 岁以下的人几乎都迷上了百事可乐。

70 年代中期以来，百事可乐进一步对可口可乐采取正面攻坚行动，发动"百事的挑战"宣传活动。百事可乐于 1972 年在美国发动了一场别出心裁的试饮百事可乐与可口可乐的产品比较攻势。在一个公共场所请行人蒙住眼睛免费饮用这两种饮料，然后赠送一瓶饮用者认为更好喝的饮料，结果多数人饮后都要百事可乐，以 3∶2 的强势战胜可口可乐。从品尝的第一印象来看，百事可乐比较占优势，因为它的含糖量比可口可乐多出 9%。这一场面被百事可乐在电视上反复播放，在美国这个喜欢直截了当的国家里，产生了令人兴奋的攻击性效果，引起许多一直选用可口可乐的老主顾纷纷改饮百事可乐，许多零售商也改弦易辙。百事可乐声誉猛增，销售量直线上升。

文 章 之 二

可口可乐和百事可乐之间的竞争可算得上是商业史上最明显的对峙。两家公司几乎要在所有涉及的领域一分高低。对网络营销工具的运用也不例外。可口可乐公司率先在网上设立了虚拟互动工厂（www.vpt.coca-cola.com），通过游戏、故事及提供各个生产阶段的情况介绍，向网民解释可口可乐的生产过程，以吸引网友上网参观和了解。2000 年 8 月，可口可乐又在中国建设了以年轻人为对象的集音乐、电影、聊天、游戏等频道为一体的中文网站（coca-cola.com.cn），突出强调了互动与娱乐的特点，浓重的红底白色的波浪形"Coca-Cola"字母，古朴典雅而又不失活力，是可口可乐永恒的背景。百事可乐也建立了与其公司形象和定位完美统一的中英文网站，以游戏、音乐、活动为主题，其背景则依然是标志创新和年轻的蓝色。可口可乐选择的网站大部分为贺卡类、时尚生活类、音乐类、新闻类、购物类网站。百事可乐则在音乐站点，如MTV.com的投放力度加大；同时还涉足体育类网站，例如NBA.com、美国棒球联盟。

写作模板（插叙）

（文章开头1）

在很长一段时间里_____都是_____的品牌。其成功的主要原因是_____。但从_____开始，_____的经营出现了严重的问题。如果没有_____，也许，××依然_____。

（文章开头2）

在商业领域里，竞争是不可避免的。对手之间的竞争存在于方方面面，_____就是主要的竞争方式之一。

（文章中间部分1）

从_____开始，在_____领域出现了_____的现象，而_____却忽略了这一现象。_____并不完全在于_____，更重要的，是_____。而它的对手_____却抓住了这个机会。

_____是一家_____公司，这家公司崛起于_____。_____。（插入的部分）

当然，除了忽略市场的变化以外，_____、_____也是_____失败的主要原因。

首先，_____。

其次，_____。

（文章中间部分2）

_____既有_____也有_____。所谓_____，是指_____，它的特点是_____。很多企业对_____都有尝试。_____。（插入的部分）

而最主要的竞争方式是_____。_____和_____的竞争就是_____。

两家公司竞争的过程大致经过了三个阶段。

_____年，_____。

_____年，_____。

_____年，_____。

（文章结尾1）

就这样，_____不得不_____了，这是××最不愿_____。不错，无论是谁，最大的遗憾往往是自身居然没有把握住最关键的那几步。

（文章结尾2）

每个企业都有自身独特的_____，而在经营中的不断_____是每个企业增加竞争力的最重要的因素。

写作指导

1. 文章的题目。除了下面给出的文章题目外，你还能想出别的吗？请将你选定的题目写到稿纸的正确位置，注意你的题目是否与文体相符。

A. 百事可乐与可口可乐之间的宣传战

B. _____

C. _____

D. _____

E. _____

2. 文章的开头。请从所给出的两种开头方式中选择一种，你也可以把两种开头的方式综合在一起使用，选择模板中对你有用的表达，有一些句子可以不要。例如：

在商业领域里，竞争是不可避免的。对手之间的竞争存在于方方面面，<u>可口可乐与百事可乐之间的产品宣传战就是主要的竞争方式之一</u>。

3. 文章的中间部分。请从所给的材料部分概括出文章中间部分所需的内容，结合模板所提供的表达方式写出文章的核心内容。注意不用展开，每个事件用一句话概括即可。例如：

_____ 既有 _____ 也有 _____。所谓 _____，是指 _____，它的特点是 _____。很多企业对 _____ 都有尝试 _____（插入的部分）

而最主要的竞争方式是 <u>传统的产品宣传</u>。<u>百事可乐</u> 和 <u>可口可乐</u> 的竞争就是 <u>以传统的产品宣传战为主</u>。两家公司竞争的过程大致经过了三个阶段。

<u>　1929　</u> 年，_____。

<u>　　　　</u> 年代，_____。

<u>　　　　</u> 年代，_____。

4. 文章的结尾。请从所给出的两个模板的结尾中选择一种，你也可以把两种结尾的方式综合在一起使用。

二、用猜词法猜出下面黑体部分词语的意思。

（1）泰山是中国的五大名山之一，被称为五岳之尊，每年都有很多人到那里旅游，它也是我向往已久的地方，所以当朋友约我国庆节假期去爬泰山的时候，我**毫不犹豫**地答应了。

毫不犹豫：

（2）我在莫西市见到了美国建在这里的一个巨大的可口可乐工厂。对坦桑尼亚来说，这是目前唯一生产和运转的企业。坦桑尼亚原来就没有几家真正的企业。有一个炼油厂，但由于没有原油供应早已**倒闭**，石油全从国外进口。

倒闭：

（3）澳大利亚人的衣服普通、平常、宽松、舒适，一般场合不穿**高档**衣服，甚至常常在跳蚤市场买旧衣服穿，但总是干干净净的。

高档：

（4）韩国前总统金大中多次强调，韩国要把成功举办世界杯足球赛作为经济再次腾飞的**契机**。1988 年的奥运会曾使韩国在经济、社会等各领域都取得了巨大发展，韩国国民和政府也期待着 2002 年能成为韩国国运昌盛之年。

契机：

（5）11 岁的查理和 9 岁的加史比都会抽烟，看着他们熟练的抽烟姿势和愉快的表情，可能已经抽过很多次了。那时我们到荷兰才半个多月，看到这样的事觉得很**震惊**，后来时间长了，我们发现荷兰青少年抽烟的比例非常高。

震惊：

三、改正下面句子中的错误。

（1）最后决定，小王或小李一起去听音乐会。

（2）你们两个人中必须有一个人回国，你和他。

（3）他生怕我没听清和不注意，所以又嘱咐了一句。

（4）这本书或者你先看，跟我先看。

（5）在一个国家的发展中，工业或农业都很重要。

四、选择恰当的词语填空。

质量　　数量　　产量　　销量

（1）这种牌子的电脑在中国市场上的（　　　）一直很好。

（2）你一定要小心，这是一笔（　　　）相当大的现金。

（3）由于这种产品（　　　）好，所以很受欢迎。

（4）今年雨水太少了，所以庄稼的（　　　）受到严重影响。

占据　　占领　　占用

（1）我能不能 _____ 你一点时间，请你把这个问题给我好好谈谈。

（2）敌人的兵力太强了，所以一直 _____ 着这一带地区。

（3）这种产品长期以来一直 _____ 着空调市场的领先地位，靠的是质量的保证。

投资　　投产　　投入

（1）他工作学习都非常 _____ ，因此取得了很大的成绩。

（2）经过三年的建设，新厂房终于顺利 _____ 了。

（3）董事长非常重视这个项目，一次 _____ 5 000 万美元。

发挥　　发展　　发生

（1）最近 _____ 的一些事情让每个人都感到很吃惊。

（2）你的专业知识恰好是这个公司所需要的。如果你留下，可以 _____ 更大的作用。

（3）中国经济的 _____ 速度很快，吸引了大量的海外投资。

表达　　表现　　表示

（1）大家一起鼓掌 _____ 欢迎。

（2）只要刻苦练习，你的汉语口头 _____ 能力一定会提高。

（3）小立这个学期一直 _____ 不错，按时上课，也比以前学习努力了。

五、阅读课文，选择正确的答案。

（1）"阿迪达斯，曾经优秀得无可匹敌的运动鞋，很长的一段时间里，使其他品牌的鞋子相形见绌。"这句话里的"曾经""很长的一段时间里"说明：_____

    A. 阿迪达斯直到现在都是别的运动鞋比不上的。

    B. 阿迪达斯一直是很好的运动鞋。

    C. 有一段时间，阿迪达斯运动鞋不行了。

    D. 阿迪达斯运动鞋在很长的一段时间里是很好的运动鞋，现在被其他品牌的运动鞋超过了。

（2）阿迪达斯运动鞋从什么时候开始被耐克运动鞋超越了？_____

    A. 20 世纪五六十年代。

    B. 20 世纪 70 年代中期。

    C. 1954 年。

    D. 20 世纪 70 年代下半叶。

（3）最让阿道夫·达斯勒感到痛心的是：_____

    A. 他损失了大量的金钱。

    B. 20 世纪 70 年代末，阿迪达斯的鞋子由此不得不跑慢了。

    C. 阿迪达斯失去了自己在运动鞋市场上的绝对统治地位。

    D. 对自身地位降低的恐惧及行为价值被否定的巨大失落感。

（4）"这个错误使得阿迪达斯失去了在运动鞋市场上的绝对统治地位。这个错误也使它的一个竞争对手成为知名的品牌。"这句话中，"这个错误"

指的是：_____

    A. 在 1978 年达斯勒先生去世时，他甚至觉得阿迪达斯同自己的生命一样，无可救药。

    B. 达斯勒先生完全低估了市场对运动鞋急速增长的需求。

    C. 达斯勒先生过高地评价了自己所拥有的市场竞争实力。

    D. 当 4000 万美国人把手伸向运动鞋柜台时，不少制鞋公司纷纷出现，阿道夫·达斯勒先生却没有敏锐地意识到这一变化所蕴含的巨大意义，他严重低估了市场需要和竞争对手的实力。

（5）当市场预测人员向阿道夫·达斯勒先生提供能够说明目前市场动态的一些材料时，是下列哪些原因使达斯勒先生依然不为所动？_____

    A. 大公司的骄狂、大公司老板的不可一世。

    B. 阿道夫·达斯勒先生已近老年，其锋芒当然大不如前。

    C. 达斯勒先生完全低估了市场对运动鞋急速增长的需求。

    D. 日耳曼人的固执和保守。

（6）在"在瞬息万变的市场中，这样的想法在如此一家大公司里居然根深蒂固，这实在太不可思议了。"这句话中，"这样的想法"指的是：_____

    A. 德国与美国相隔大片陆地和整整一个大西洋。

    B. 耐克公司是在美国土生土长的。

    C. 反正胜券始终在握，主动权一直握在自己手里。

    D. 运动鞋的销量不可能长久地呈直线上升趋势，它的上升肯定是缓慢的、沉稳的。

 课后写作

用插叙的写作方式叙述一件事，可以是财经领域的，也可以是日常事件，尽量脱离写作模板，可以先列出写作提纲，自己写作。

单元写作练习

求 职 信

一、关于求职信

（1）求职信一般分为称呼、正文、落款几个部分。

（2）正文部分是一封求职信的核心，一般包括四项内容，即：

第一，表明要申请的职位和如何获得招聘信息的。

第二，自我描述，要求尽量简洁。

第三，希望尽快得到回复，写明与自己联系的最佳方式。

第四，感谢对方的阅读。

（3）求职信一般不需要过长，要求语言简洁明确，能够突出个人的特长和竞争优势。

二、求职信范文

尊敬的刘经理：（求职信在称呼的前面习惯加敬词"尊敬的"，顶格写）

　　您好！（问候语，前空两格）

　　在招聘网站上获知贵公司正在招聘市场助理一职，我对此职位十分感兴趣，写此信应聘这一职位，希望能够加盟贵公司。（表明要申请的职位和如何获得招聘信息的，前空两格）

　　一年前，我毕业于对外经济贸易大学国际商学院市场营销专业。毕业后，就职于 A&R 国际贸易公司，担任市场助理一职。工作内容主要包括：协助市场经理策划与设计市场方案和市场调研工作；协调重点项目的执行，协助经理及销售部进行相关外联工作；负责部门文档的建设与管理，以及为市场人员提供行政服务和支持等。本人对市场营销工作有较深刻了解，熟悉统计软件的使用，能够熟练操作办公软件和办公自动化设备，英语熟练，略懂日语。我深信自己能够胜任贵公司市场助理的职位。（进行自我描述，另起一行，前空两格）

随信附上我的个人简历。希望能够尽快得到您的回复！我的联系电话是：139××××××××。（希望回复及联系方式，另起一行，前空两格）

感谢您阅读此信并考虑我的应聘要求。（感谢对方的阅读，另起一行，前空两格）

此致

敬礼！

张华

2014 年 4 月 25 日

（落款，签名及日期）

三、求职信写作模板一（在职人员）

尊敬的_____ ：

_____！

从 / 在_____获知贵公司正在招聘_____一职，我对_____很感兴趣，写此信应聘这一职位，_____。

_____年 / _____年前，我毕业于_____的_____专业。毕业后就职于

_____，担任_____。工作内容包括：_____、_____等。本人对_____工作有_____的了解，熟悉_____，能够熟练操作_____，具备_____的英语能力。_____。

随信附上个人简历，希望尽快得到_____。我的_____是_____。

感谢_____。

_____

_____！

_____（签名）

×年×月×日

四、求职信写作模板二（在校学生）

尊敬的_____：

_____！

我写此信是为应聘贵公司_____一职，这一招聘信息我是从_____获得的。

作为一名即将毕业的大学生，我目前就读于_____大学的_____专业。_____大学是一所_____的学校，_____专业则是国内_____。（此处介绍学校及专业，突出学校及专业优势）＿＿＿＿大学＿＿＿＿＿的校风和＿＿＿＿＿的治学态度使我在四年的时间里获益匪浅，为我今后＿＿＿＿＿方面的发展打下了＿＿＿＿＿的基础。

在学期间，我曾在＿＿＿＿＿＿实习过＿＿＿＿＿＿（实习的时间），具体工作为：＿＿＿＿＿、＿＿＿＿＿、和＿＿＿＿＿。在大学期间还参加了＿＿＿＿＿、＿＿＿＿＿活动。能够自如运用＿＿＿＿＿，熟悉＿＿＿＿＿，具备＿＿＿＿＿的英语能力。（此处说明外语方面的能力）贵公司的＿＿＿＿＿职位正是我个人的职业理想所在，我深信凭着我的个人能力＿＿＿＿＿这一职位。

随信附上我的个人简历，希望尽快得到＿＿＿＿＿。我的＿＿＿＿＿是＿＿＿＿＿。

感谢＿＿＿＿＿＿＿。

＿＿＿＿＿＿＿

＿＿＿＿＿＿＿！

＿＿＿＿＿＿（签名）

×年×月×日

五、写作任务

参照写作范文，运用"写作模板一"或"写作模板二"写一封求职信，字数在 250 字左右。

六、写作指导

先在教师指导下完成以下句型的造句练习，再完成写作任务。

1. ×××从/在……获知贵公司正在招聘……一职/职位。

2. 我曾在……工作/实习过，具体工作为……

3. 熟悉……，能够熟练操作……，具备……的能力。

_____

_____

_____

_____

_____

_____

_____

_____

_____

_____

第三单元 推介说明

UNIT 3

课前预习

1. 本文是分别从哪几个方面介绍沃尔玛百货有限公司的?

2. 本文在语言表达上有什么特点?

第八课

沃尔玛百货有限公司

词汇解释

零售企业	líng shòu qǐ yè	向个人或社会集团消费者零散出售商品的企业。
库存	kù cún	是仓库中实际储存的货物。
遵循	zūn xún	遵照、按照。
跻身	jī shēn	指突然获得成绩，使自己的地位上升到某个位置。
筹集	chóu jí	收集、聚集钱或物品。

课文分析

文章开头部分

　　沃尔玛百货有限公司创立于 1962 年，是一家美国连锁**零售企业**，总部设在阿肯色州的本顿维尔。沃尔玛被人们所了解认识，大多是因为它的购物商店。经过几十年的发展，如今的沃尔玛公司是美国最大的私人雇主和世界上最大的连锁零售企业。沃尔玛的年销售额相当于全美所有百货公司的总和，而且至今仍保持着强劲的发展势头。

阅读指导

　　文章开头部分是怎样介绍沃尔玛百货有限公司的？

相关句型

　　1. ×××创立于×××年，是一家……，总部设在……

2. ×××被人们所了解认识，大多是因为……

3. 经过×××年的发展，如今的×××公司是……

文章中间部分

在经营模式上，沃尔玛采取的是"薄利多销"的经营原则。沃尔玛公司的创始人萨姆·沃尔顿，从开设第一家特许商店时就确立了"薄利多销比薄销多利更好"的经营原则。沃尔玛的宗旨就是"帮顾客节省每一分钱"，实现价格最便宜的承诺。在这一原则指导下，沃尔玛公司以低价和减价的手段不断增强竞争力，该公司一直沿用的促销口号是"天天廉价"，"每天都间接减价"，从而吸引着越来越多的顾客。事实上，在沃尔玛各类商场里出售的商品的价格确实要比其他商场同类商品的价格低。

阅读指导

这个自然段是从哪个方面介绍沃尔玛的？

相关句型

1. 在……下，×××以……不断……，从而……

2. 在……上／方面，……

在管理方面，借助于现代化的科学手段，沃尔玛实现了信息化管理。沃尔玛建立了专门的电脑管理系统、卫星定位系统和电视调度系统，拥有世界第一流的先进技术。沃尔玛的计算机系统规模在美国仅次于美国国防部，甚至超过了联邦航天局。1987年沃尔玛投资4亿美元，由休斯公司发射了一颗商用卫星，实现了全球联网，建立起美国最大的私人卫星通信系统，用于全球连锁店的信息传送与运输车辆的定位及联络。当各连锁店的**库存**减少到一定数量的时候，电脑就会发出信号，提醒商店及时向总部要求进货，因此不会发生缺货的情况。作为沃尔玛的总裁，依靠信息系统，可随时调用任何一个地区、任何一家商场的营业情况数据，知道哪里需要什么商品,哪些商品畅销,从哪里进货成本最低,哪些商品利润最大。凭借先进的电子信息手段,沃尔玛做到了商店的销售与配送保持同步,配送中心与供应商运转一致。

阅读指导

1. 沃尔玛在管理方面最大的特点是什么?
2. 这一自然段列举了哪些事件介绍沃尔玛管理方面的特点?

相关句型

当……的时候,……就……,因此……

在企业文化方面,沃尔玛一直非常重视其建设。公司的创始人萨姆·沃尔顿为公司制定了三项基本信条:"顾客是上帝""尊重员工""追求卓越"。初到沃尔玛的员工都被告诫:你不是为经理或者主管工作,你和经理以及主管都共同拥有一个"老板",那就是顾客。因此,沃尔玛公司的员工事事处处都**遵循**着"顾客是上帝"的价值观,自觉自愿地为顾客提供"比满意更满意的服务"。沃尔玛强调尊重公司的每一个员工,沃尔玛与员工的关系是一种真正意义上的伙伴关系。在沃尔玛对员工一律不称雇员,而是称为"伙伴"。为了帮助员工成长,沃尔玛拥有一套完整强大的培训体系,尽可能给员工最佳的培训。不断通过培训来帮助沃尔玛员工成长,留住并且吸收越来越多的优秀人才,给了他们许多实现自我价值的机会。沃尔玛还倡导"积极进取,永不满足""每天追求卓越"的理念和积极向上的精神风貌,提出"比我们的对手更勤奋、更灵敏地为顾客提供优质的商品"的工作目标。拥有这样的企业文化,沃尔玛创造的是一流的服务、一流的业绩,并在**跻身**世界500强以后,仍然能够不断吸收新的经营理念和创意,不断利用新技术为自身发展服务。

阅读指导

这个自然段在介绍沃尔玛的企业文化时，都列举了哪些事件？

相关句型

1. ×××倡导……，提出……
2. ×××创造的是……，并在……之后，仍然……

在发展自身的同时，沃尔玛仍没有忘记企业所肩负的社会责任。在对非营利组织和公益事业进行捐赠时，从不吝惜金钱，十分慷慨。1983年以来，沃尔玛为美国各州"联合之路"慈善机构捐赠了5200万美元。1988年以来，为协助各儿童医院开设的"儿童的奇迹"电视栏目，沃尔玛**筹**集了5700万美元，是其中最大的赞助商。沃尔玛还积极资助公、私立学校，成立特殊奖学金，协助拉丁美洲的学生到阿肯色州念大学。

阅读指导

这个自然段介绍的是沃尔玛哪个方面的特点？

文章结尾部分

作为世界五百强企业的沃尔玛百货有限公司在很多方面都有出色的表现，是成功企业中的一个典型范例。

阅读指导

文章结尾部分是怎样总结的？

阅读总结

在教师的指导下，与你的同桌讨论本篇课文都介绍了沃尔玛百货有限公司哪些方面的特点，为文章列出写作提纲。

要点讲解

一、说明性文章

说明性文章是以说明为主要表达方式，用简明的文字把事物的性质、特点、关系、功用等解说清楚。在经贸领域中，常用这一类型的文章介绍说明某一机构或某一项产品。本篇文章就是介绍某一机构（沃尔玛百货有限公司）的。

二、主谓句（由主语成分＋谓语成分构成的单句）

1. 名词谓语句（名词性词语充当谓语的句子）

例如

1）今天星期六。

2）沃尔玛百货有限公司，美国公司。

2. 动词谓语句（动词性词语充当谓语的句子）

例如

1）在经营模式上，沃尔玛采取的是"薄利多销"的经营原则。

2）今天的沃尔玛公司是美国最大的私人雇主和世界上最大的连锁零售企业。

3）沃尔玛提出"帮顾客节省每一分钱"的宗旨。

4）在发展自身的同时，沃尔玛仍没有忘记企业所肩负的社会责任。

3. 形容词谓语句（形容词性词语充当谓语的句子）

例如

1）朝鲜族妇女很能干。

2）诺基亚手机外表精致。

三、被动句（被动句常常出现在不愿意说出或不需要说出施事者，或不知道施事者的句子中）

1. 有介词"被"的被动句

主语＋被＋施事者＋动词＋其他成分

例如

1）沃尔玛被人们所了解认识，大多是因为它的购物市场。

2）这个杯子被他打碎了。

"被"的后面也可以没有宾语。

例如

1）这一宗旨被广为流传。

2）衣服被洗干净了。

3）他被彻底征服了。

2. 意义上的被动句

有些被动句有被动的意义，但不一定用带"被"的句子。

例如

1）瓶子里的水喝光了。

2）这本书读了三遍。

四、说明性文章常用语示例（1）

1. 在……方面……/……方面……（在介绍说明事物时，需要重点介绍某一点时常用的词语）

如

1）在技术方面，不断创新是诺基亚的一贯风格。

2）在与中国的业务发展方面，自从 1985 年诺基亚在北京设立第一个办事处以来，像许多成功的跨国公司一样，诺基亚将中国视为一个充满机遇和发展潜力的巨大市场。

2. ……是……（在介绍说明时是最常用的一个词，表示判断）

如

1）沃尔玛百货有限公司创立于 1962 年，是一家美国连锁零售企业，总部设在阿肯色州。

2）松下公司是一家日本公司。

3. 所谓（在介绍说明时常用来表示解释说明，意思是"所说的"）

如

1）所谓"科技以人为本"，是说越是高深的科技越需要从人出发，替人着想，为人设计。

2）所谓脚踏车，就是自行车。

课堂读写练习

一、阅读下面一段文字，使用所给出的模板将文字材料整理成 200 字左右的说明性文章。

写作材料

松下电器产业株式会社是一家日本公司，自 1918 年松下幸之助创业以来，通过提供商品服务，始终以"为了使人们生活变得更加丰富、更加舒适，并为了世界文化的发展做出贡献"为经营理念，从事着企业经营活动。经历近百年的奋斗，现在已成为世界著名的综合型的大型电子企业，并在世界各国开展着事业活动。下面是按年代排列的松下公司发展大事：

1918 年 创业人松下幸之助在大阪市福岛区大关町创办了松下电气器具制作所，并开始生产灯泡插座以及双灯泡用的旋转式插座。

1922 年 在大阪市福岛区大关町兴建第一个总部工厂。

1923 年 研制推销了自行车用的弹头型灯具，采用代理店制度，面向全国扩大销路。

1927 年 研制推销了自行车用的方形灯具，由这一产品开始使用 "National" 的商标。

1929 年 将公司名称改为 "松下电器制作所"，并制定了纲领和信条。

1933 年 采用事业部制度；将本部工厂迁至在门真市新建的工厂。

1935 年 成立松下电器贸易株式会社；将公司改组为股份有限制，松下电器产业采取分公司制度（成立松下无线株式会社等 9 个分公司）。

1937 年 松下电器将应该奉献给社会的 5 种精神，改为 7 种精神，即：产业报国之精神、光明正大之精神、团结一致之精神、奋发向上之精神、礼貌谦让之精神、改革发展之精神、服务奉献之精神。形成了独特的企业文化。

1952 年 与中川机械株式会社（即现在的松下冷机）进行合作；与荷兰的飞利浦公司进行技术合作，并成立了松下电子株式会社。

1959 年 成立美国松下电器公司。

1960 年 开始推销彩色电视机。

1961 年 松下幸之助就任会长；松下正治就任社长、在泰国成立了 "二战" 后第一家国外生产工厂。

1971 年 在分布于全国的展厅上开设了消费者咨询中心，在纽约证券交易所上市。

1978 年 首次在中国（北京）成立了合资公司。在此之后，在中国相继成立了从家用空调、洗衣机等家用电器到通讯设备、图像、音响、半导体等生产器材的广泛领域的独资、合资公司。迄今为止，松下电器已在中国成立了 45 家合资或独资企业，与中国建立了良好的合作伙伴关系。

1979 年　成立松下电池工业株式会社。

1986 年　谷井昭雄就任社长，山下俊彦就任会长、开始在日本国内使用 "Panasonic" 的商标。

1990 年　收购美国 MCA 公司。

1996 年　开始销售 DVD 播放器。

21 世纪　推出 "创生 21 计划"。

写作模板（介绍公司或某一机构）

（文章开头 1）

×××（公司、企业、机构的名称）成立于 / 创立于 / 建立于＿＿＿＿＿年，该组织是一家以生产 / 经营＿＿＿＿＿为主的公司 / 企业 / 机构，总部设在＿＿＿＿＿。＿＿＿＿＿公司 / 企业 / 机构享誉世界，是一个成功的典范。

（文章开头 2）

你听说过 ×××（公司、企业、机构的名称）吗？×××（公司、企业、机构的名称）是世界闻名的公司 / 企业 / 机构。××× 被人们所了解认识，大多是因为＿＿＿＿＿。它成立于 / 创立于 / 建立于＿＿＿＿＿年，是一家＿＿＿＿＿（国家名称、地名）公司 / 企业 / 机构。

（文章中间部分）

在＿＿＿＿＿方面，＿＿＿＿＿具有＿＿＿＿＿的特点。

＿＿＿＿＿方面，＿＿＿＿＿在＿＿＿＿＿中扮演着举足轻重的角色。

＿＿＿＿＿。

＿＿＿＿＿方面，＿＿＿＿＿。

（文章结尾 1）

总之，_____，在_____、_____、_____、方面×××（公司 / 企业 / 机构的名称）都是值得我们借鉴的。

（文章结尾 2）

听过了我的介绍，你对_____了解了吗？对_____你是怎么看的呢？

写作指导

1. 文章的题目。除了下面给出的文章题目外，你还能想出别的吗？请将你选定的题目写到稿纸的正确位置。注意你的题目是否能够体现说明文的文体特点。

   A. ___松下公司___
   B. _____
   C. _____
   D. _____
   E. _____

2. 文章的开头。请从所给出的两种开头方式中选择一种，你也可以把两种开头的方式综合在一起使用，选择模板中对你有用的表达，有一些句子可以不要。例如：

   你听说过×××（公司、企业、机构的名称）吗？×××（公司、企业、机构的名称）成立于 / 创立于 / 建立于_____年，该组织是一家以生产 / 经营_____的公司 / 企业 / 机构，总部设在_____。

3. 文章的中间部分。请从所给的材料部分总结出文章中间部分所需的内容，结合模板所提供的表达方式写出文章的核心内容。注意不用展开，每个事件用一、两句话概括即可。例如：

   在企业文化方面，_____具有_____的特点。

   _____方面，_____在_____中扮演着举足轻重的角色。_____。

_____方面，_____。

4. 文章的结尾。请从所给出的两个模板的结尾中选择一种，你也可以把两种结尾的方式综合在一起使用。

二、请将下面的词语搭配成主谓句，并用直线将相搭配的词语连接起来。

《健康之友》　　　　　　照着整条街道

这个姑娘　　　　　　　　是一本杂志

明亮的阳光　　　　　　　大眼睛

走路　　　　　　　　　　精彩得很

昨天那场球赛　　　　　　慢慢腾腾地

三、指出下面的句子哪些是被动句。

（1）我早就把这件事忘了。

（2）玻璃擦得干干净净的。

（3）我最近去了一趟北京。

（4）地上的水晒干了。

（5）他把废纸做成了一个本子。

（6）树叶被风吹跑了。

（7）长江三峡留下过很多人的梦。

四、把下面的句子改成被动句。

（1）由于他学习成绩很好，国家派他到中国来学习。

（2）他把你的电脑修理好了。

（3）我昨天就把那本书还给中国同学了。

（4）他总是把家里整理得干干净净。

（5）一位日本的同学把学校的通知翻译成了日文。

（6）大雨弄湿了他的衣服。

（7）他的真情感动了大家。

（8）我弄坏了学校的桌椅。

（9）警察罚了那个开车违反交通规则的人。

（10）战火把这个村子的树烧光了。

五、选词填空。

成为　　……方面　　是　　目前　　创立于……　　发展　　实现

海尔集团（　　）1984 年，18 年来持续稳定（　　），已（　　）在海内外享有较高美誉的大型国际化企业集团。2002 年，（　　）全球营业额 723 亿元，（　　），海尔物流、商流、制造系统等都已在全球范围内向社会化转变。2002 年海尔创造新的资源又在家居、通信、软件、金融等（　　）大显身手。

六、阅读课文，选择正确答案。

（1）以下关于沃尔玛的说法哪些是不正确的？ _____

A. 沃尔玛公司是美国最大的私人雇主和世界上最大的连锁零售企业。

B. 沃尔玛跻身世界 500 强。

C. 在经营模式上，沃尔玛采取的是"多元化"的经营原则。

D. 沃尔玛资助拉丁美洲的学生到阿肯色州念大学。

（2）作为沃尔玛的总裁，依靠沃尔玛的信息系统可以了解到的是：_____

A. 全球连锁店的信息传送与运输车辆的定位及联络。

B. 哪里需要什么商品，哪些商品畅销，从哪里进货成本最低，哪些商品利润最大。

C. 商店的销售与配送保持同步。

D. 沃尔玛建立了专门的电脑管理系统、卫星定位系统和电视调度系统。

（3）初到沃尔玛的员工都被告诫：你不是为经理或者主管工作，你和经理以及主管都共同拥有一个"老板"，这里的"老板"指的是：_____。

A. 沃尔玛的 CEO。

B. 公司的创始人萨姆·沃尔顿。

C. 伙伴。

D. 顾客。

（4）在对非盈利组织和公益事业进行捐赠时，从不吝惜金钱，十分慷慨，这里"吝惜"一词的意思是：_____。

A. 可惜。

B. 舍不得。

C. 可怜。

D. 体贴。

（5）具体地说，沃尔玛不会发生缺货的情况，主要是因为_____

A. 沃尔玛创造的是一流的服务、一流的业绩。

B. 沃尔玛采取的是"薄利多销"的经营原则。

C. 当各连锁店的库存减少到一定数量的时候，电脑就会发出信号，提醒商店及时向总部要求进货。

D. 沃尔玛公司的员工事事处处都在实践着"顾客是上帝"的价值观，自觉自愿地为顾客提供"比满意更满意的服务"。

 课后写作

学习本篇课文的写作方法，写一篇关于某一机构的介绍说明性文章。你可以

先列出写作提纲，尽量脱离写作模板，自己完成。

_____

_____

_____

_____

_____

_____

_____

_____

_____

_____

_____

_____

_____

_____

_____

_____

_____

第三单元　推介说明

课前预习

1. 你喝过的中国茶有哪些，你最喜欢哪一种中国茶？
2. 你对本课中介绍的中国绿茶的哪个方面最感兴趣，为什么？

第九课

中国绿茶

 **词汇解释**

原产地	yuán chǎn dì	货物或产品的最初来源，也就是产品的生产地。
色泽	sè zé	颜色和亮度。
绵长	mián cháng	延续得很长。
副作用	fù zuò yòng	随着主要作用而附带发生的不好作用。

课文分析

文章开头部分

中国是世界茶叶的**原产地**。中国茶种类繁多、品种齐全，传统上可以分为六大类，即：绿茶、青茶（乌龙茶）、红茶、黑茶、黄茶、白茶。绿茶是其中历史最悠久、产量最大的一种茶叶，全国各产茶省均有生产。正因为如此，在中国的东南西北，无论是城镇，还是乡村，绿茶被饮茶人大量地饮用。绿茶的得名是因为鲜茶叶的**色泽**和冲泡之后的茶汤均是绿色。绿茶不但香味**绵长**、品质优秀，而且造型独特，具有较高的艺术欣赏价值。我们所熟知的西湖龙井、碧螺春、信阳毛尖、六安瓜片等都属该类茶叶。

阅读指导

1. 文章开头部分是怎样介绍中国绿茶的？
2. 文章开头的写法对整篇文章起到什么作用？

相关句型

1. ××× 种类繁多、品种齐全，可以分为 ××× 大类，即：……

2. ××× 不但……，而且……，具有……

文章中间部分

从鲜茶到我们日常饮用的干茶叶，需要经过杀青、揉捻和干燥三个加工步骤。其中，第一道工序是杀青，这也是十分关键的一步。杀青就是把从茶树上摘下的嫩叶经过炒、蒸这样的高温过程，抑制其发酵，使茶叶能够保持固有的绿色，同时减少茶叶中的水分，使叶片变软，以便进一步加工。揉捻是把杀青后的茶叶用手搓揉，这一步决定成品茶最后的形状。例如：龙井是条状，而碧螺春是球状等。如果不经过揉捻，茶叶就会保持叶片形状，体积过大，干后易碎，不利于包装和运输。揉捻后的茶叶，含水量仍然很高，如果不经过烘干，也很容易变质。绿茶的干燥工序，一般是先经过烘干，然后再进行炒干。经过杀青、揉捻和干燥之后的绿茶，不仅保存了茶叶自身的颜色、香气，还更容易被储存和运输。

阅读指导

1. 这一自然段介绍的是绿茶的哪方面的特点？

2. 这一自然段的段首句与整个自然段的内容之间有怎样的关系？

相关句型

1. ××× 就是……，使……，同时……，以便……

2. ××× 的……，一般是先……，然后再……

3. 经过……之后的 ×××，不仅……，还……

绿茶是一种很好的养生保健品。绿茶在美白护肤、抗衰老方面的作用是被公认的。绿茶是不发酵茶，因而保留了鲜叶内较多的天然物质，如茶多酚。茶多酚具有良好的抗氧化效果，能补充水分紧实肌肤，延缓衰老。此外，绿茶还有预防和抗癌的功效。绿茶中含有的茶多酚可以阻断亚硝酸铵等多种致癌物质在体内合成，并具有直接杀伤癌细胞和提高肌体免疫能力的功效。据有关资料显示，茶叶中的茶多酚对胃癌、肠癌等多种癌症的预防和辅助治疗，均有裨益。

阅读指导

  1.这一自然段介绍的是绿茶的哪方面的特点？

  2.这一自然段的段首句与整个自然段的内容之间有怎样的关系？

相关句型

  1.×××在……方面的作用……

  2.×××具有……效果，能……

  3.×××中含有……可以……，并且有……的功效。

绿茶的饮用方式是非常讲究的。虽然绿茶本身具有天然的香气，饮后能给人以清新之感，但由于是不发酵茶，绿茶中的成分如单宁酸、茶素等不多，故略有苦涩味，茶叶又较嫩，因此一般采取"低温淡冲法"冲泡。冲泡的方法是：水温以开水降温至摄氏七十度至八十度；将绿茶浸泡二分钟至四分钟即可，一般可冲二次至三次。冲泡绿茶的茶具可选用瓷质盖杯，也可用玻璃杯和茶壶。玻璃杯适合于品饮细嫩的名贵绿茶，透过透明玻璃，便于欣赏名茶的外形。瓷质盖杯适合于泡饮中高档绿茶，重在品味或解渴。而使用茶壶，一般不宜泡饮细嫩名茶，使用茶壶水多不易降温，会闷熟茶叶，使茶叶失去清鲜香味。用茶壶适合于冲泡中低档绿茶，这类茶叶中含有许多纤维素，耐冲泡，茶味也浓。

阅读指导

  1.这一自然段介绍的是绿茶的哪方面的特点？

2.这一自然段的段首句与整个自然段的内容之间有怎样的关系？

相关句型

……的方法是：……

饮用绿茶也有很多禁忌。绿茶的功效与作用很多，因此深受饮茶者的喜爱，但如果没有注意到这些禁忌，绿茶的功效不仅不会发挥出来，还会造成很多**副作用**，严重影响我们的健康。为了我们都能拥有更健康的身体，一定要谨记：空腹不喝茶、睡前不喝茶、不喝隔夜茶、不喝久泡茶。此外，胃寒的人最好不喝绿茶，因为绿茶属未发酵茶，大量饮用容易引起胃部不适。

阅读指导

1.这一自然段介绍的是绿茶的哪方面的特点？

2.这一自然段的段首句与整个自然段的内容之间有怎样的关系？

文章结尾部分

通过以上对中国绿茶的介绍，我们对绿茶了解的更多了，你是不是已经爱上了这种茶叶呢？

阅读指导

文章是怎样结尾的？

阅读总结

在教师的指导下，与你的同桌讨论，结合本文的阅读指导，为本课列出写作提纲。

要点讲解

一、"把"字句

"把"字句具有表示对某事物处置的功能，写说明性的文章时，"把"字句是很实用的。

1. "把"字句的基本语序

施事主语 + "把" + 受事者 + 动词 + 其他成分

例如

1）此系统把银行服务与企业服务结合起来。

2）我把那本英文书看完了。

2. "把"字句的特点和使用注意事项

A. 谓语动词必须是及物动词，没有支配影响作用的动词不能充当"把"字句的谓语，如"是、知道、希望、进、出"等。

B. 谓语动词后面应该有其他成分，如"了、过"等。

C. "在、到、给、成"作结果补语，后面带有表示处所、对象、结果的宾语时，一定要用"把"字句。

例如

1）持卡人通过这项功能可以把这部分奖金转到民生卡。

2）我把这些水果放到桌子上。

3）翻译把这些句子翻译成英文。

二、说明性文章常用语示例（2）

1. 即可（意思是："就可以……"。常用于说明在满足条件的情况下所产生的结果，有时也用于句尾）

如

1）将绿茶浸泡二分钟至四分钟即可，一般可冲二次至三次。

2）平时冷藏，吃的时候，放在烤箱里烤20分钟即可。

2. 此／该（意思是"这个"。指示词，在说明性的文章中，指上文说过的人或事物）

如

1）我们所熟知的西湖龙井、碧螺春、信阳毛尖、六安瓜片等都属该类茶叶。

2）此功能无须申请，直接通过深圳分行电话银行系统3934567进行充值。

3）该发明已通过国家认证，即将投入生产。

3. 均由／均是／均有（意思是"都由"／"都是"／"都有"，是说明性文章中常用的书面语）

如

1）绿茶的得名是因为鲜茶叶的色泽和冲泡之后的茶汤均是绿色。

2）据有关资料显示，茶叶中的茶多酚对胃癌、肠癌等多种癌症的预防和辅助治疗，均有裨益。

3）《现代汉语词典》和《古汉语常用字字典》均由商务印书馆出版。

4. 其（意思是"他（她、它）的；他（她、它）们的"，也是说明性文章的常用语）

如

1）杀青就是把从茶树上摘下的嫩叶经过炒、蒸这样的高温过程，抑制其发酵，使茶叶能够保持固有的绿色，同时减少茶叶中的水分，使叶片变软，以便进一步加工。

2）定期存款提前支取的总原则为"客户的利息损失尽可能小"，其支取的原则为：……

3）最后，这道菜就做成了，其特点是：酸甜可口，肥而不腻。

5. 具有……（常用在说明性文章中，用来说明商品具备的优点、特点、功能、功效、疗效等）

如

1）茶多酚具有良好的抗氧化效果，能补充水分紧实肌肤，延缓衰老。

2）本品具有染发、护发、净发之功效。（指染发护发香波）

3）这种产品具有结构简单、操作容易、维修方便等优点。（指机械设备）

6. 适用于……/ 适合于……（意思是"在……方面使用合适"，在说明性文章中常用这个词来说明商品的使用范围）

如

1）玻璃杯适合于品饮细嫩的名贵绿茶，透过透明玻璃，便于欣赏名茶的外形。

2）本产品适用于缺锌引起的儿童生长发育迟缓、营养不良、厌食、偏食、异食等病症。（指锌酸蜂王浆）

3）本机组适用于山区、平原、旱田、水田、果树、蔬菜、城市花园、草坪、动物园、体育场等喷灌工作。（指喷灌机组）

课堂读写练习

一、读下面一则网上商品行销说明的文字，用后面给出的模板介绍你自己国家的一种食品。

比亚乐蜂蜜柚子茶网上行销说明

一口价：49.90 元

促销：店铺 VIP

至北京：快递：15.0 元

累积售出：270 件

特色服务：

淘宝商城，品质保证，消费返积分，

无理由退换货！商家承诺：正品保障、

七天退货、如实描述，如未履行，淘

宝网将按规则支持买家申请先行赔付。

付款方式：信用卡、支付宝卡通 、找人代付、消费卡 、网点支付

产品详细信息：

产品名称：比亚乐蜂蜜柚子茶	产地：韩国
厂名：韩国山内苑食品公司	卫生许可证号：11030010902313
商品条形码：8809183321412	净含量：570g
保质期：24 个月	储存方式：打开后冷藏

产品的描述说明：

蜂蜜柚子茶是韩国很有名的养生饮品。柚子茶是采用生长于韩国南部海岸一种独特的"黄金柚子"精制而成，据说这种柚子浓郁的清香十步之外就可以闻到。其肥厚表皮所包含的珍贵精油成分是一般天然橘类的 4 倍，柚子所含有的钙质和维生素都远远超过了其他水果。该产品气味芬芳，酸甘适口，经常饮用能保养喉咙，防治伤风感冒，是兼具养生保健的高级水果茶。

食用方法：

◆ 取 1~2 匙以热开水冲泡，冬天有保暖功效，夏天更是理想的解暑保健饮品。冷藏后食用，另有一番风味。亦可加入红茶内或用为调酒配方，或制作成果冻、蛋糕等。

◆ 当成果酱，涂在馒头或者面包片上食用。

◆ 加入 2~3 茶匙，与牛奶搅拌均匀，即可变成一种果汁柚子牛奶，冰牛奶口感更佳。

◆ 与雪糕混合食用。在雪糕面上加入柚子蜜一起食用。

◆ 加入汽水。针对不同口味需求，加入七喜或雪碧等饮料搅拌，即可成一

种有汽美味的果汁柚子饮品。

运费：平邮：8.00元；快递：15.00元；EMS: 18.00元

联系方式：(E-mail、移动电话、固定电话、QQ⋯⋯)

写作模板（网上行销说明）

题目：＿＿＿＿＿＿（要介绍的商品名称）

一口价：＿＿＿＿＿＿

促销：＿＿＿＿＿＿

至＿＿＿＿＿＿：**快递**：＿＿＿＿＿＿

累积售出：＿＿＿＿＿＿

（商品展示图片）

特色服务：淘宝商城，品质保证，消费返积分，无理由退换货！商家承诺：正品保障、七天退货、如实描述，如未履行，淘宝网将按规则支持买家申请先行赔付。

付款方式：＿＿＿＿＿＿（有链接）

产品详细信息：

产品名称：＿＿＿＿＿＿　　产地：＿＿＿＿＿＿

厂名：＿＿＿＿＿＿　　　卫生许可证号：＿＿＿＿＿＿

商品条形码：＿＿＿＿＿＿　净含量：＿＿＿＿＿＿

保质期：＿＿＿＿＿＿　　储存方式：＿＿＿＿＿＿

产品的描述说明：

×××（产品名称）是＿＿＿＿＿＿（地域名称）很有名的＿＿＿＿＿＿（产品属性）。×××是采用＿＿＿＿＿＿（产品制作所用的原料）制作而成，＿＿＿＿＿＿（原料特点描述）。＿＿＿＿＿＿是其最大的特点（产品的特点）。该产品含有＿＿＿＿＿＿，具有＿＿＿＿＿＿的功效，食用之后，可以使＿＿＿＿＿＿（产品的功用）。

食用方法：

◆ _____，亦可_____，或_____。

◆ _____或_____食用。

◆ 加入_____即可_____，口味更佳。

◆ 与_____混合／一起食用。_____。

◆ 针对不同口味需求，加入_____，即可_____。

运费：_____、_____、_____

联系方式：（E-mail、移动电话、固定电话、QQ……）

写作指导

1. 在写作前先确定你要介绍的食物，了解食品的产地、食品的特点、食品的成分、食品的功用及食用方式等方面的情况。

2. 在教师的指导下完成以下与文章有关的句型造句，再完成写作任务。

①……是采用……制作而成。

②该产品含有……，具有……的功效。

③加入……即可……

二、改正下面的病句。

（1）我把作业应该改一改。

（2）我把这些饭吃不完。

（3）我每天把房间里的东西整理一下。

（4）我的同学藏他的脏衣服在床底下。

（5）他昨天把贺卡寄出去。

（6）我出门的时候，总是忘我的东西在旅馆里。

（7）我的朋友要我翻译一个句子成中文，我用汉语把这个句子说不出来。

三、把下面的句子变成"把"字句。

（1）小伙子们嗓子喊哑了。

（2）窗户被我糊上纸了。

（3）那杯茶水被我喝完了。

（4）不坚固的房子被地震震塌了。

（5）他被亲人送到医院治好了伤。

（6）旧社会逼得他没路可走。

（7）快往屋里搬东西吧。

（8）这个问题先考虑清楚了，再研究其他的问题。

四、请用猜词法猜出下面黑体部分词语的意思。

（1）中国茶种类**繁多**、品种齐全，传统上可以分为六大类，即：绿茶、青茶（乌龙茶）、红茶、黑茶、黄茶、白茶。

繁多：

（2）其中，第一道工序是杀青，这也是十分**关键**的一步。

关键：

（3）杀青就是把从茶树上摘下的嫩叶经过炒、蒸这样的高温过程，抑制其发酵，使茶叶能够保持**固有**的绿色，同时减少茶叶中的水分，使叶片变软，以便进一步加工。

固有：

（4）茶多酚具有良好的抗氧化效果，能补充水分紧实肌肤，**延缓**衰老。

延缓：

（5）但是饮绿茶也有很多**禁忌**，一旦没有注意到这些禁忌，绿茶的功效不仅不会发挥出来，还会造成副作用，严重影响我们的健康。

禁忌：

五、阅读课文，选择正确答案。

（1）中国历史最悠久、产量最大的一种茶是：＿＿＿＿＿＿

  A. 红茶。

  B. 黑茶。

  C. 绿茶。

  D. 白茶。

（2）"把从茶树上摘下的嫩叶经过炒、蒸这样的高温过程，抑制其发酵，使茶叶能够保持固有的绿色"的加工步骤是：＿＿＿＿＿＿

  A. 干燥。

  B. 杀青。

  C. 揉捻。

  D. 烘干。

（3）绿茶中保留的天然物质，有抗氧化效果，能补充水分紧实肌肤，延缓衰老的是：＿＿＿＿＿＿

  A. 单宁酸。

  B. 茶素。

  C. 亚硝酸铵。

D. 茶多酚。

（4）绿茶采取"低温淡冲法"冲泡，主要是因为：_____

    A. 叶中含有许多纤维素，耐冲泡，茶味也浓。

    B. 绿茶具有天然的香气，饮后能给人以清新之感。

    C. 绿茶中的成分如单宁酸、茶素等不多，故略有苦涩味，茶叶又较嫩。

    D. 由于绿茶是不发酵茶，因而保留了鲜叶内较多的天然物质。

（5）以下哪一项不是饮绿茶的禁忌_____

    A. 空腹不喝茶。

    B. 不喝隔夜茶。

    C. 不喝久泡茶。

    D. 饭后不喝茶。

课后写作

05

    通过对本篇课文的学习，请你选取一种产品，写一篇介绍说明性的文章。尽量脱离模板，先列出写作提纲，自己完成写作。

_____

_____

_____

_____

_____

_____

_____

单元写作练习

商 品 广 告

一、关于商品广告

　　商品广告是公开而广泛地向公众介绍商品、服务内容，以提高商品知名度，实现商品销售的一种文体，一般由标题、正文、落款三部分组成。

二、商品广告范文

"苹 果" 第 四 代 手 机（所宣传的商品名称写在正中间）

　　几十年来，人们一直梦想能够使用可视电话。现在，苹果公司新近推出的第四代手机令梦想成真。通过 WLAN 连接两部 iPhone 4 或一部 iPhone 4 和一部新 iPod touch，只要轻轻一点，你就可以向你的孩子挥手问好，与地球另一端的人相视微笑，或与好友分享故事并看着他开心大笑。"苹果"第四代手机同时拥有两个摄像头：一个位于机身正面，用来拍摄自己；另一个在背面，可拍摄其他的一切。此功能让你在使用可视电话时可在两个摄像头之间随时切换，开箱就可使用，你要做的只是轻点按钮，没有其他手机可以让沟通如此充满乐趣。此外，该手机还装有内置 LED 闪光灯、全新 200 万像素的相机，可以拍摄出动人、细腻的照片。先进的机背照度传感器，在弱光环境下也能拍摄出色的照片。该手机还同时具有高清摄像与剪辑功能。"苹果"第四代手机一定不会令你失望！（商品所具备的特点、或最值得推荐的功能）

　　现在无须到商场选购，通过快速网上订购（http://ngo.gogowa.com/iPhone4）

或拨打全国订购热线（4006-×××-×××）也可以得到。（定购方式，另起一段）

　　公司地址：×××市××区×××路×号。（公司地址及联系方式）

　　邮编：×××××

　　联系方式：（电话、网址、E-mail）

三、商品广告写作模板

＿＿＿＿＿＿＿＿＿（所宣传商品的名称）

　　×××（公司或厂家的名称）推出/生产的×××（产品名称）。具有/拥有＿＿＿＿＿＿的功能，只要＿＿＿＿＿＿就可以＿＿＿＿＿＿。此功能可使/令你＿＿＿＿＿＿。此外，该产品还＿＿＿＿＿＿，可以＿＿＿＿＿＿。×××（产品名称）的＿＿＿＿＿＿功能还可以＿＿＿＿＿＿。×××（产品名称）会带给你＿＿＿＿＿＿。

　　选购可以通过快速网上订购（网址名称）或拨打订购电话（电话号码）。

　　公司地址：×××市××区×××路×号。

　　邮编：×××××

　　联系方式：（电话、网址、E-mail）

四、写作指导

　　（1）先确定你要宣传的商品，并熟悉它的功能，了解商品的优点以及它能带给顾客的好处。

（2）模板显示的是文字类商品广告的基本框架，必须要有商品功能、销售方式和公司联系方式几项基本内容。

（3）先在老师的带领下做以下的句型练习，再完成写作任务。

① ×××具有／拥有……的功能，只要……就可以……

② 此功能／产品可使／令你……

③ 此外，该产品还……，可以……

第四单元　财经分析

课前预习

1. 这篇课文分析的全球金融危机的原因有哪些?

2. 你怎么看这次的全球金融危机,你同意这篇文章的分析吗?

3. 这篇文章在进行分析时写法上有什么样的特点?

第十课

全球金融危机的原因分析

上
册

新商务汉语阅读与写作教程

词汇解释

危机	wēi jī	严重困难的关头。
蔓延	màn yán	不断向周围扩展。
通胀	tōng zhàng	就是通货膨胀，是指由于货币供应过多而引起货币贬值、物价上涨的货币现象。
崩盘	bēng pán	是指股票大跌后的彻底崩溃。
疲软	pí ruǎn	指行情价格低落、货物销售不畅或货币汇率呈下降趋势。
火上浇油	huǒ shàng jiāo yóu	是比喻的说法，指使人更加愤怒或使事态更加严重。
置若罔闻	zhì ruò wǎng wén	放在一边不管，好像没听见一样。
逆转	nì zhuǎn	向相反的方向或坏的方向变化。
加剧	jiā jù	加深了严重的程度。
金融衍生产品	jīn róng yǎn shēng chǎn pǐn	通常是指从原生资产（underlying assets）派生出来的金融工具。
转嫁	zhuǎn jià	把自己应承受的负担、损失、罪名等加在别人身上。
量入为出	liàng rù wéi chū	根据收入的多少来决定支出的限度。

课文分析

文章开头部分

2007—2009 年的全球金融**危机**，又称世界金融危机、次贷危机、信用危机。这场危机开始于 2007 年 8 月，首先在美国爆发，然后迅速**蔓延**到全世界，其导致的最终结果是世界多家大型金融机构倒闭或被政府接管。今天我们回首这次世界性金融灾难，其原因是多方面的。

阅读指导

1. 文章是怎样开头的？
2. 找出文章开头中与下文的分析衔接的句子。

相关句型

……，其原因是多方面的。

文章中间部分

首先，宏观经济失衡和信用过度膨胀所产生的美国房地产泡沫是引发这次全球金融危机的主要原因。从罗纳德·里根总统时期起，美国经历了历史上最长的连续的经济繁荣，表现为高增长、低**通胀**。然而，2000 年 3 月 10 日，代表美国科技产业股的纳斯达克（NASDAQ）股市在攀升到 5049 的历史高位后，发生了**大崩盘**，不到一年的时间下跌过半。接着，2001 年的"9·11"事件以华尔街为直接袭击目标，这对美国金融市场的信心造成了新的打击，使高科技泡沫破灭后不景气的美国经济雪上加霜。在此大背景下，美国联邦储备局开始大幅减息，一口气降息 11 次。极度宽松的货币政策，致使信用急剧膨胀。虽然宽松货币政策和信用膨胀没有对美国公司的**疲软**产生刺激，但是对美国家庭的消费却起到了"**火**

上浇油"的作用。汽车贷款、信用卡贷款、学生贷款等迅速增加，其中增加最迅猛的是房地产类贷款。与此同时，随着次级房贷（面向低收入或信用等级差的家庭的住房贷款）的高速增长，新增房贷质量急剧下降。次级房贷机构普遍地在房贷合同中设优惠条款，从而使得许多本来不符合条件的借款人获得贷款。在这种信用刺激下的购房需求，抬高了房价，而房价的不断上升，又进一步诱惑了其他人举债购房，以至于人们普遍地产生了"房价只涨不跌"的幻觉。尽管一些敏锐的经济学家开始发出"房市泡沫"的警告，但大多数人置若罔闻。到了 2006 年底 2007 年初，长达六年的房价高涨市场突然**逆转**。房价下跌，导致次级房贷违约率攀升，一场以次级房贷为导火索的信用危机终于爆发了。以后所发生的一切，皆成了众所周知的历史。这次金融危机的大风暴，冲击了所有的金融机构，几乎无一例外。

阅读指导

这一自然段分析的全球金融危机的原因是什么？

相关句型

1. 首先，……是引发……的主要原因。

2. ……，导致……

其次，一直以来流行于西方世界的自由市场经济理念也是导致这次金融危机的一个原因。20 世纪 80 年代以来，西方世界强调自由市场经济，认为对市场干预越少越好，市场是可以自己调节的。然而，市场经济这只"看不见的手"并不是万能的，随着自由主义政策主张的广泛实施，政府管制全面放松，经济自由化程度持续提高。一方面，进一步**加剧**了本已十分严重的贫富两极分化；另一方面，激化了个别企业生产的有组织性与整个社会生产的无政府状态的矛盾。为了缓和矛盾，满足垄断资本的逐利欲望，各类所谓金融创新和**金融衍生产品**纷纷出笼，普通民众"自由享受"着举债消费的日子，导致各种资产泡沫不断累积、膨胀，全球经济运行的风险不断加大。

阅读指导

这一自然段分析的全球金融危机的原因是什么?

相关句型

1. 其次,……也是导致……的一个原因。

2. 一方面…… ;另一方面……

再次,美国超前消费的消费观念也是产生金融危机的原因。长期以来,美国的"超前消费"以消费带动生产,并作为一种美国模式向全世界推广。当然,美国人之所以敢于超前消费,一是有其发达的社会保障系统作后盾;二是有世界各国做垫底。万一出问题,美国可以凭借它的超强地位,尤其是美元的特殊地位,向世界各国**转嫁**危机。这一模式有内在的风险,当消费超出收入太多,导致资金链条断裂,危机就会以成倍的规模爆发,超出了金融系统本身所能抵挡的范围,本次由房贷危机引发的金融危机就源于此。而当美国金融业遇到危机时,反倒是中国式谨慎理财的作风再次显现出独特的价值。在美国的华人对此有切身体会,金融动荡中,华人遭受的直接损失较小。比如房价,华人社区的房价基本稳定,有的还有微升。这是因为华人很少过度依赖贷款,而且购买房屋通常是在自己的经济实力允许的范围内。在股市、保险和其他金融产品方面,华人遭受损失也比较小,因为对风险过高的产品涉及不多。说到底,中国人所保持的"**量入为出**"消费观念,即使在美国这个崇尚消费的社会中,依然能够自我调控风险。

阅读指导

这一自然段分析的全球金融危机的原因是什么?

相关句型

1. 再次,……也是产生……的原因。

2. 当然,……之所以……, 一是……;二是……

3. 这是因为……，而且……

文章结尾部分

一场危机的到来，绝不是空穴来风，必然有其深刻而复杂的背景，而导致一场经济危机的原因也并非一日所成，必然是日积月累的结果。而我们研究经济危机的原因正是要引以为戒，以避免新的危机的到来。

阅读指导

文章是怎样结尾的？

阅读总结

在教师的指导下，与你的同桌讨论这篇分析性文章的写法，列出本文的写作提纲。

要点讲解

一、关于分析性文章

分析性文章就是把一个问题分成几个组成部分，分别找出这些组成部分的特性和彼此之间的关系。在经贸领域中经常会用到这样的文体去分析经济问题。

二、汉语序数词的用法

汉语分析性文章在分析原因时经常会用到序数词，表示分析原因的前后次序，从而使文章显得条理分明，逻辑性强。序数词主要有以下几种说法：

1. "首先……其次……再次……"

例如

到底是什么原因导致了亚洲金融危机的爆发？又怎么会出现了那场可怕的危机呢？

首先，宏观经济失衡和信用过度膨胀所产生的美国房地产泡沫是引发这次全球金融危机的主要原因。……其次，一直以来流行于西方世界的自由市场经济理念也是导致这次金融危机的一个原因。……再次，美国超前消费的消费观念也是产生金融危机的原因。

2. **"第一……第二……第三……第四……"（这也是表示顺序的一种用法，一般用在所分析的原因比较多的情况下）例如：**

美国专家说，如果你经常感到疲倦，你的问题可能不单是睡眠不足那么简单。美国新泽西州《完全健康手册》的作者马加斯那医生指出，人们往往会对自己感到疲倦的原因大惑不解，其实，以下原因都会导致一个人消耗精力，令你感到疲倦。

第一，药物：用来治疗高血压的利尿剂，可导致疲乏。第二，抑郁：加州内科医生巴伦认为，这可能是导致疲倦的最普通原因。第三，缺乏运动：马加斯那医生指出，一般人会有一种错觉，以为运动会令人疲累，但事实刚好相反，若缺少运动，你的肌肉会变得虚弱，当你要运用它们时，便要花更大的气力。第四，营养不良：如果你的日常饮食以加工食品为主，你或许会感到疲乏，不妨多吃新鲜蔬菜、水果、鱼、鸡、全谷类食物和豆类。第五，睡眠问题：如果你每晚的睡眠时间少于7小时，便会削弱你恢复体力的机会。然而，睡眠时间太长，人也会精神不振。

三、汉语关联词的运用（1）

1. "……而且……"

"而且"后面的句子表示比前面更进一步的意思。

例如

1）这次展出的绘画，数量多，而且题材新颖，形式多种多样。

2）这是因为华人很少过度依赖贷款，而且购买房屋通常是在自己的经济实力允许的范围内。

2.“先……后……”/“首先……然后……”

在描述事件或动作进行的过程中，使顺序更加清晰。

例如

1）这场危机开始于 2007 年 8 月，首先在美国爆发，然后迅速蔓延到全世界，其导致的最终结果是世界多家大型金融机构倒闭或被政府接管。

2）吃烤鸭时，先把烤熟的鸭子趁热切成薄片，然后蘸上甜面酱，加上葱段，用薄饼卷着吃。

3.“虽然……但是……”

“虽然”和“但是”后面的句子的意思相对或相反。

例如

1）天气虽然这么冷，但是我身上还在出汗呢。

2）虽然宽松货币政策和信用膨胀没有对美国公司的疲软产生刺激，但是对美国家庭的消费却起到了“火上浇油”的作用。

课堂读写练习 04

一、阅读下面一段文字，使用所给出的模板将文字材料整理成 200 字左右的分析性文章。

写作材料

爱喝咖啡的人大概都听说过星巴克（Starbucks）。这是一家以重烘焙咖啡豆为基础，再转入经营咖啡馆、罐装咖啡饮料、咖啡冰淇淋、咖啡馆情景 CD 唱片和零售家用咖啡机具的最成功的垂直综合企业。星巴克咖啡公司是世界顶级的特制咖啡零售商、制造商。公司在北美、英国、欧洲大陆、中东和太平洋地区分别拥有 4100 多个销售网点，是近年来异常"红火"的著名跨国品牌。人们在分析它成功的原因时，常常引用它的总裁霍华德·舒尔茨的一个说法："星巴克出售的不是咖啡，而是对咖啡的体验。"并由此得出结论：商业已经由产品经济向体验经济转变了。咖啡是物质的，体验是精神的。物质（咖啡）决定意识（体验），没有物质（咖啡产品），也就没有意识（对咖啡的体验）。大多数人也许不知道，星巴克公司花在咖啡产品上的功夫一点儿也不少，而且从来不敢放松。为了营造星巴克的"咖啡之道"，它使用的咖啡豆都是来自世界主要咖啡豆产地的极品，并在西雅图烘焙。他们对产品质量的要求达到了极限的程度。无论是原料豆及其运输、烘焙、配制、配料的掺加、水的滤除，还是最后把咖啡端给顾客的那一刻，一切都必须符合最严格的标准，消费者最终喝到的是具有星巴克全球标准的精致咖啡。在服务方面，星巴克公司一线服务人员的服务态度及水准的优劣也影响着消费者对于品牌的认知。所以在员工招募上，星巴克一定雇用对咖啡怀有热情、激情的人，顾客在星巴克消费的绝不仅仅是美味的咖啡，更是一种贴心的服务享受。星巴克要求员工都掌握咖啡的知识及制作咖啡饮料的方法。除了为顾客提供优质的服务外，还要向顾客详细介绍这些知识和方法。不仅如此，他们还对顾客进行细分，在这样的基础上，又将咖啡产品的生产系列化和组合化，根据不同的口味提供不同的产品，实现一种"专门定制式"的"一对一"服务。星巴克将咖啡豆按照风味来分类，让顾客可以按照自己的口味挑选喜爱的咖啡。口感较轻且活泼、香味诱人，并且能让人精神振奋的是"活泼的风味"；口感圆润，香味均衡，质地滑顺，醇度饱满的是"浓郁的风味"；具有独特的香味，吸引力强的是"粗犷的风味"。这种对于产品的"深加工"，从根本上提高了产品的"附加价值"，顾客"对咖啡的体验"才是有源之水或有本之木。在管理方面，标准化、流程化的管理制度，加之严格的店铺管理执行体系是星巴克咖啡文化落地的关键。星巴克独特的"环节管理"模式渗透于经营的各个细节处，对于商品陈列、标签贴法、人员礼仪等都有严格的标准。作为一家咖啡店，星巴克在不断完善并提升自身产品质量的同时不断挖掘并打造独有的星巴克文化，讲求与消费者的精神共鸣。可以说，星巴克卖的不是咖啡，而是一种文化。

写作模板（按次序分析）

（文章开头1）

×××（现象名称）是目前＿＿＿＿＿＿（国家或地区的名称）引人注目 / 普遍 / 引起人们广泛关注的现象，到底是什么原因导致了 ×××（现象名称）呢？我的分析如下：＿＿＿＿＿＿＿＿＿＿＿＿＿＿＿＿＿＿。

（文章开头2）

×××（产品、商品名称）是世界知名 / 享有世界声誉 / 有极高知名度的品牌 / 企业 / 产品，×××（产品、商品名称）之所以能够＿＿＿＿＿＿，必然有它的原因 / 内因 / 外因，具体分析，有如下几点：＿＿＿＿＿＿＿＿＿＿＿。

（文章开头3）

＿＿＿＿＿＿的衰落 / 失败 / 减少，是近期最引人关注的话题，推究 / 分析 / 探讨＿＿＿＿＿＿的衰落 / 失败 / 减少，我们发现原因有三 /N：＿＿＿＿＿＿＿＿。

（文章分析部分1）

最重要的是 / 首先 / 第一 / 一＿＿＿＿＿＿，这也是最重要的一点，是＿＿＿＿＿＿的关键。

另外 / 其次 / 第二 / 二＿＿＿＿＿＿。如果＿＿＿＿＿＿就不能＿＿＿＿＿＿，而且

_____也是_____的原因。

再次 / 第三 / 三_____。

最后_____。

（文章分析部分 2）

其中主观原因是 / 是由于_____。

客观原因是 / 是由于_____。

（文章结论部分 1）

通过以上分析，我们可以看出_____是导致 / 产生 / 引发_____的主要原因。

（文章结论部分 2）

通过以上分析，我们可以看出：导致 / 产生 / 引发_____的主要原因是：_____。

（文章结论部分 3）

综上所述，_____之所以_____，是因为_____、_____、_____。为了能够_____，就必须要做到_____。

写作指导

1. 文章的题目。除了下面给出的文章题目外，你还能想出别的吗？注意你的题目要能够体现出分析性文章的特点。请将你选定的题目写到稿纸的正确位置。

   A. 星巴克成功的原因分析

   B. _____

C. ＿＿＿＿＿＿＿＿＿＿＿＿

D. ＿＿＿＿＿＿＿＿＿＿＿＿

E. ＿＿＿＿＿＿＿＿＿＿＿＿

2. 文章的开头。请从所给出的三种开头方式中选择一种，你也可以把三种开头的方式综合在一起使用，选择模板中对你有用的表达，有一些句子可以不要。例如：

×××（现象名称）是目前＿＿＿＿＿＿＿＿＿（国家或地区的名称）引人注目的现象，×××（产品、商品名称）之所以能够＿＿＿＿＿＿，必然有它的原因，具体分析，有如下几点：＿＿＿＿＿＿＿＿＿。

3. 文章的分析部分。在教师的带领下，从所给的写作材料中概括出星巴克有哪些成功的原因？结合模板所提供的表达方式写出文章的核心内容。注意不用展开，每个事件用一两句话概括即可。例如：

首先，＿＿＿＿＿＿＿。这也是最重要的一点，是＿＿的关键。

其次，＿＿＿＿＿＿＿。如果＿＿＿＿＿＿就不能＿＿＿＿＿＿，而且＿＿＿＿＿＿也是＿＿＿＿＿＿的原因。

再次，＿＿＿＿＿＿＿。

4. 文章的结论部分。请从所给出的两个模板的结尾中选择一种，你也可以把两种结尾的方式综合在一起使用。

二、请用猜词法猜出下面黑体部分词语的意思。

（1）这场危机开始于 2007 年 8 月，首先在美国爆发，然后迅速蔓延到全世界，其**导致**的最终结果是世界多家大型金融机构倒闭或被政府接管。

导致：

（2）然而，2000年3月10日，代表美国科技产业股的纳斯达克（NASDAQ）股市在**攀升**到5049的历史高位后，发生了大崩盘，不到一年的时间跌幅过半。

攀升：

（3）在这种信用刺激下的购房需求，抬高了房价，而房价的不断上升，又进一步**诱惑**了其他人举债购房，以至于人们普遍地产生了"房价只涨不跌"的幻觉。

诱惑：

（4）20世纪80年代以来，西方世界强调自由市场经济，认为对市场**干预**越少越好，市场是可以自己调节的。

干预：

（5）而当美国金融业遇到危机时，反倒是中国式**谨慎**理财的作风再次显现出独特的价值。

谨慎：

（6）说到底，中国人所保持的"量入为出"消费观念，即使在美国这个**崇尚**消费的社会中，依然能够自我调控风险。

崇尚：

三、选词填空，并试着用这些词写一段话。

"……而且……" "先……然后……" / "首先……然后……" "虽然……但是……"

（   ）我已经去过好几次故宫了，（   ）我还想去，（   ）还想带几个朋友一起去。我们（　　　　）打车到雍和宫，（　　　　）坐地铁到天安门。

四、阅读课文，选择正确答案。

（1）文章中提到的美国房地产泡沫是在什么背景下产生的？＿＿＿＿＿＿＿

    A. 流行于西方世界的自由市场经济理念。

    B. 宏观经济失衡和信用过度膨胀。

    C. 美国超前消费的消费文化。

    D. 金融机构倒闭或被政府接管。

（2）"对美国家庭的消费却起到了'火上浇油'的效果"的是：＿＿＿＿＿＿＿

    A. 美国经历了历史上最长的连续的经济繁荣。

    B. 汽车贷款、信用卡贷款、学生贷款等迅速增加。

    C. 宽松货币政策和信用膨胀。

    D. 次级房贷的爆炸性增长。

（3）本文在分析美国超前消费的消费文化时所使用的方法是：＿＿＿＿＿＿＿

    A. 就美国的情况谈美国。

    B. 通过与中国的消费文化做对比进行分析。

    C. 把美国的消费模式向全世界推广。

    D. 赞美美国的消费文化。

（4）在这种信用刺激下的购房需求，抬高了房价，而房价的不断上升，又进一步诱惑了其他人举债购房，以至于人们普遍地产生了"房价只涨不跌"的幻觉。其中，"这种信用"指的是：＿＿＿＿＿＿＿

    A. 美国联邦储备局开始大幅减息，一口气降息 11 次。

    B. 信用急剧膨胀。

    C. 次级房贷机构普遍地在房贷合同中设优惠条款，从而使得许多本来不符合条件的借款人获得贷款。

D. 对市场干预越少越好，市场是可以自己调节的。

（5）"各类所谓金融创新和金融衍生产品纷纷出笼"的目的是为了：_____

　　A. 缓和矛盾，满足垄断资本的逐利欲望。

　　B. 使汽车贷款、信用卡贷款、学生贷款等迅速增加。

　　C. 以消费带动生产，并作为一种美国模式向全世界推广。

　　D. 美国连续的经济繁荣。

（6）为什么说美国超前消费的模式存在一定的风险？_____

　　A. 市场经济这只"看不见的手"并不是万能的。

　　B. 激化了个别企业生产的有组织性与整个社会生产的无政府状态的矛盾。

　　C. 对金融市场的信心造成了打击。

　　D. 当消费超出收入太多，导致资金链条断裂，危机就会以成倍的规模爆发，超出了金融系统本身所能抵挡的范围。

课后写作

05

　　用按次序分析的方法写一篇分析性的文章，分析某个经济现象或社会现象。尽量脱离写作模板，先列提纲，自己完成写作。

_____

_____

_____

_____

_____

第四单元 财经分析

课前预习

1. 通读课文，本篇课文的分析方法有什么特点？

2. 读懂图表，本课分析中国网购市场快速发展的原因有哪些？

第十一课

中国网购市场因何快速发展

词汇解释

网购	wǎng gòu	网络购物的简称。
渗透	shèn tòu	慢慢进入。
折扣	zhé kòu	是商品购买销售中卖方给买方的价格优惠。
易耗品	yì hào pǐn	指的是使用时间短，更换频繁的产品。
飙升	biāo shēng	指价格、数量等急速地上升。
拭目以待	shì mù yǐ dài	满怀期望地等待。

课文分析

文章开头部分

20 世纪 90 年代，互联网开始进入商业应用阶段，发展异常迅速。如今网络已经**渗透**到经济与社会活动的各个领域，成为推动世界经济发展和社会进步的重要力量。与此同时，互联网的出现也影响到我们生活的方方面面，特别是对我们的购物方式影响巨大。网络购物改变了以往的商业模式，购物的客户来自全球各地，购物的时间也不分白天黑夜。

阅读指导

文章开头写了什么？

相关句型

与此同时，……的出现也影响到……，特别是对……影响巨大。

文章中间部分

　　尽管中国互联网的发展起步比国际互联网要晚，但是进入 21 世纪以来，同样发展迅速，特别是在网络购物方面。从下面的"2008—2012 年中国网络购物交易变化"柱状图来看，2008 年、2009 年、2010 年、2011 年、2012 年中国网络购物交易额分别为 1236 亿元、2500 亿元、5231 亿元、7566 亿元和 12594 亿元。网络购物交易额逐年增加，五年的时间里，2012 年的网络购物交易额比 2008 年增加了 9 倍。由此看出，中国的网络购物市场正在快速地发展，分析其中的原因，主要有以下几点：

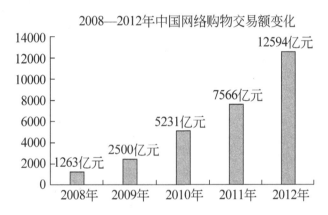

2008—2012年中国网络购物交易额变化

⚐ 阅读指导

这一自然段在开头和下文之间起到的作用是什么？

⚐ 相关句型

1. 从 ×××图表来看，×××年、×××年、×××年……年×××额／量分别为×××、×××、×××。

2. ×××额／量逐年增加／减少，×××年的时间里，×××年的×××额／量比×××年增加／减少了……

　　一、互联网在中国发展迅速。从"2008—2012 年网民数量变化"折线图与"2008—2012 年中国互联网普及率变化情况"折线图来看，网民的数量、网络的普及率都有不同程度的上涨。2012 年的"网民数量"与"互联网普及率"分别比 2008 年的"网民数量"与"互联网普及率"增长了近1倍。2008年，中国网民数量已超过美国，位居世界第一。2009年，中国网民数量继续快速增加，已超过美国全国总人口数。这个庞大的互联网市场意味着互联网的影响力也在日益提升，网络已经渗透到我们的日常工作与生活当中来了。互联网开始逐渐取代传统传播媒介，变成我们日常获取信息的主要渠道；通过网络，我们建构起新型的人际交往模式，各种社交网站、手机微信都是人们所热衷的现代交际工具；我们去办理各种日常事物也离不开互联网……在这样的背景之下，网络购物当然也是必不可少的了。

阅读指导

这一自然段分析了什么原因？

相关句型

1. 从×××年的×××图表与×××年的×××图表来看，×××量、×××率都有不同程度的上涨/下降。

2. ×××年的……与……分别比×××年的……与……增长/下降了……

二、网络购物的便捷性。网络购物不仅可以节省大量的时间和精力，而且还能获得较高的消费折扣。从"网购商品类型分布情况"图表可以看出：在网上选购的商品中，"服装鞋帽"所占全部网购商品比例最高，为81.80%；"日用百货"占全部网购商品的31.60%；"电脑、数码产品"占全部网购商品的29.60%。可见，消费者主要是利用网购选购**易耗品**，而对"电脑、数码产品"等需要经过慎重思考而进行选择的理性消费品的购买率并不是很高。网上购物就是把传统的商店直接"搬"回家，利用互联网直接购买自己需要的商品或者享受自己所需要的服务。"服装鞋帽"与"日用百货"具有金额小、易保存、体积小的特点，更符合网络购物的特点，也更能够体现网络购物的便捷性。

网购商品类型分布情况

商品类型 所占比例	服装鞋帽	日用百货	电脑、数码产品
	81.80%	31.60%	29.60%

阅读指导

这一自然段分析了什么原因？

相关句型

从×××图表可以看出：……所占全部……的比例最高，为××%；……所占全部……的××%；……所占全部……的××%。

三、巨大的网络消费市场。中国是一个拥有13亿人口的大国，这也是中国网民数量不断**飙升**的重要基础。如此庞大的人口基数同时也是一个巨大的消费市场，随着互联网在中国的高速发展，其中蕴含的商机随着网购这种新型的商业模式而涌现。从较早的卓越、当当、阿里巴巴到淘宝、京东商城、一号店，各种类型的购物网站如雨后春笋般出现。同时，中国网购市场的繁荣也在刺激着海外购物网站的神经。有越来越多的海外网站开始通过各种渠道在中国内地开辟阵地。目前，仅通过支付宝海外平台进入中国市场的海外网站就已达到300多家。虽然目前中国国内海外网购的总量还不是很大，但随着网络购物市场的发展，依托电子支付平台的跨境零售业可能会成为未来一种新的趋势。

> **阅读指导**
>
> 这一自然段分析了什么原因？

> **相关句型**
>
> 如此……的……同时也是……，随着……，……

文章结尾部分

综上所述，网络的发展、购物的便捷、巨大的消费市场是中国网购市场快速发展的主要原因。中国的网购市场还会如何发展？让我们**拭目以待**。

> **阅读指导**
>
> 文章是怎样结尾的？

> **阅读总结**
>
> 在教师的指导下，与你的同桌讨论本课的写作方法，列出写作提纲。

 **要点讲解**

一、汉语中表达数量的用法（1）

（一）在经贸类文章中，经常会用数字作为说理的依据，常用的有

1. 倍数

由基数加"倍"组成，如一倍、十倍、百倍。有时也用"百分之 × 百"（％）的格式，三倍就是百分之三百。

例如

1）网络购物交易额逐年增加，五年的时间里，2012 年的网络购物交易额比

2008 年增加了 9 倍。

2）2002 年这个公司空调的销售量是 2001 年的 250%。

2. 分数

用"×成"、"×分之×"等固定格式表示，七成就是百分之七十（70%），或者十分之七。

例如

1）市场营销的成本占汽车销售价格的四分之一左右，这个领域不仅是成本削减的重点，也是汽车厂商创造价值的重点。

2）在网上选购的商品中，"服装鞋帽"所占全部网购商品比例最高，为81.80%；"日用百货"占全部网购商品的 31.60%；"电脑、数码产品"占全部网购商品的 29.60%。

（二）数词运用中应注意的问题

1. 有固定用法的数词

倍数只能用来表示数目的增加，不能表示数目的减少；分数既可以表示数目的增加，也可以表示数目的减少。

例如

1）表示数量的增加，可以用：

增加（了）、增长（了）、提高（了）——不包括底数，只指增加的数目。例如从 10 增加到 50，可以说"增加了 4 倍"，不能说"增加了 5 倍"。或者说"增加了 40"，不能说"增加了 50"。

增加到（为）、增长到（为）、上升到（为）——包括底数，指增加后的总数。例如从 10 增加到 50，可以说"增加到 5 倍"，不能说"增加到 4 倍"。

2）表示数量的减少，可以用：

减少（了）、降低（了）、下降（了）——指差额。例如从 10 减少到 1，应该说"减少了十分之九"，不能说"减少了 9 倍"。

减少到（为）、降低到（为）、下降到（为）——指减少后的余数。例如从

100 减少到 10，以分数计算，应该说"减少到 1/10"。

2. 数量短语通常用做定语、补语或状语

例如

"一片浮云"、"看了一眼"、"一把拉住"等。

二、汉语关联词的运用（2）

1. 只有……才……

表示条件关系的关联词，"只有"后面表示提出条件，"才"后面的句子表示在满足前面条件的情况下所产生的结果。

例如

1）只有同心协力，才能把事情办好。

2）只有春天到了，我们才能见到这种鲜花。

2. 尽管……但……

"但"后面的句子所表达的意思不是顺着前面的意思往下说，而是突然转折成与前面的意思完全相反的说法。

例如

1）尽管中国互联网的发展起步比国际互联网要晚，但是进入 21 世纪以来，同样发展迅速，特别是在网络购物方面。

2）尽管有些人说起来很有一套，但打起仗来却指挥无方。

三、表示引出结论的说法（1）

1.（统计）数据表明……

例如

1）统计数据表明，今年这个公司的钢总产量大大高于以往几年。

2）最近公布的数据表明，市民的收入情况发生了很大的变化。

2. 据这些数据 / 从这些数据中，我们可以得出这样的结论：……

例如

1）从这些数据中，我们可以得出这样的结论：只有注重产品的质量，才能打开市场。

2）根据这些调查数据，我们可以得出这样的结论：大多数年轻人不吃早餐。

3. 综上所述 / 总而言之……

例如

1）综上所述，网络的发展、购物的便捷、巨大的消费市场是中国网购市场快速发展的主要原因。

2）总而言之，我们有理由相信，今年的生产效益会比去年有很大的增长。

课堂读写练习
04

一、阅读下面一篇留学生的图表分析作文，用后面给出的模板完成写作任务。

1995—2000 年韩国对中国进出口情况

进出口情况分类	1995 年	1996 年	1997 年	1998 年	1999 年	2000 年
总交易额（百万美元）	16545	19916	23547	18428	22552	31254
出口（百万美元）成交率（%）	9144（47.4）	11377（24.4）	13572（19.3）	11943（−12）	13685（14.6）	18455（34.9）
进口（百万美元）成交率（%）	7401（35.5）	859（15.4）	9975（16.8）	6484（−35）	8867（36.7）	12799（44.3）

续表

进出口情况分类	1995 年	1996 年	1997 年	1998 年	1999 年	2000 年
贸易收支（百万美元）	1743	2838	3598	5,459	4818	5656

韩国加入 WTO 后韩中两国进出口情况分析

【韩国】薛载瀚

上表是："1995—2000 年韩国对中国进出口情况"。从图表的情况看，1995—2000 年的两国贸易总额越来越增加。从 1995 年到 2000 年总交易额差不多增加了两倍。从前边的图表中我们还可以看到 1997—1998 年的情况：1997—1998 年的中韩贸易成交率分别是 19.3% 和 –12%，情况不太好。但是从 1999 年开始，情况又有所好转，中韩贸易成交率为 14.6%。结合时代背景，我们对图表显示的这种情况分析如下：

首先，自建交后至 1997 年亚洲金融危机爆发期间，由于当时两国合作的规模不大，而且当时中国媒体的开放程度有限，所以没有出现令双方国民敏感的争执话题。而且，由于传统上两国交往的历史悠久，文化形态有所类似，双方国民对于阻隔几十年之后的再度交往一般抱着一些理想色彩，对对方有一种想当然的亲近感。这些虽然与现实差距很大，但不论怎么说也对双方关系的不断稳固发挥了正面的效应。因此，韩国和中国之间的政治关系发展比较平稳，两国之间开始了贸易、投资、文化等领域的合作。

1997 年，蔓延于亚洲的金融危机出现。这对两国之间的贸易合作形成了冲击，这就是我们从上图中看到的：1997—1998 年间，中韩两国贸易出现的下滑现象。

自从金大中总统政府上台以后，中韩关系进入了一个新的发展阶段，双方交往的广度和深度有了新的突破。具体表现在：金融危机后韩国企业大规模地投资中国，在对朝鲜的政策上开始了政策协调、韩国开始了对朝鲜的"阳光政策"、韩国来华留学和从事文化交流者日益增多、中国朝鲜族人开始大规模赴韩劳务等，于是中韩之间的贸易成交率恢复上升。

写作材料

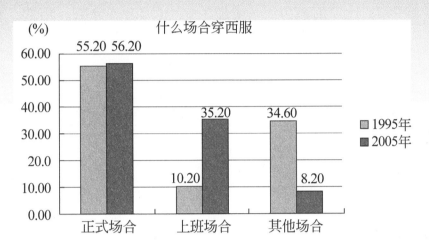

材料来源：商务汉语考试网站

写作模板（图表分析）

第一步：描述图表

（方式一）

这是一份"_____"图表。从下面／上面的图表看出：×××年、×××年_____的人数／数量／数字分别是_____、_____；×××年、×××年_____的人数／数量／数字分别是_____、_____；×××年、×××年_____的人数／数量／数字分别是_____、_____……。

从×××年到×××年，_____的人数／数量／数字逐渐增加／减少／升高／下降，从×××年到×××年，_____的人数／数量／数字逐渐增加／减少／升高／下降……。其中，_____的人数／数量／数字变化最小。

（方式二）

分析_____的_____，我们可以借助下面／上面的_____图表所显示的数据来进行说明。我们看到_____的涨幅／下跌在_____的时候达到_____（数字），比以前减少了／增加了_____（分数、倍数、百分比）。

（方式三）

这两幅图表显示的是_____的基本情况，我们发现：在_____增加／减少的同时，_____却在减少／增加。_____的_____比_____的_____更／还要_____。

（方式四）

左／右／上／下图是对_____的描述，我们可以看出，其中×××年_____是_____%／分数／倍数，×××年_____是_____%／分数／倍数，……。_____的总趋势是_____，特别是_____年，增加／减少的最多／快。

第二步：分析

（方式一）

_____图告诉我们，_____的_____是与_____相关的，分析其中的原因，主要有以下几点：

第一，_____。

第二，_____。

（方式二）

通过对上图的描述，我们发现：_____。造成_____的原因主要是：_____。

写作指导

1. 仔细阅读写作材料提供的图表，说出不同年份不同场合穿西服的变化情况，并讨论产生这些变化的原因。

2. 请先在教师的指导下完成以下与文章有关的句型造句，再完成写作任务。

　　① 分析……的……，我们可以借助下面 / 上面的"……图表"所显示的数据来进行说明。

　　② 我们发现：在……增加 / 减少的同时，……却在减少 / 增加。

　　③ ……的总趋势是……，特别是 ××× 年，增加 / 减少的最多 / 快。

　　④ "……图表"告诉我们，……的……是与……相关的，分析其中的原因，主要有以下几点。

写作任务

利用所给出的写作材料完成一篇图表分析文章。

二、改正下列句子中表达上的错误。

（1）收音机的价格一降再降，有的甚至下降了 3 倍。

（2）厂长的讲话激发了全厂工人的劳动热情，产量一下子提高到 20% 。

（3）这个工厂生产这种产品的时间由十天变为五天，时间缩短了 1 倍。

（4）参加这个活动的人数，从 10 人增加到 50 人，人数增加了 5 倍。

（5）这个学期，不及格的人数从上学期的 10 人减少到 1 人，减少了 10% 。

三、选词填空。

据最新数据统计，这个公司出口美国的产品从去年的 1000 万上升（到 / 了）今年的 3000 万，增加了（2 倍 /3 倍）；出口法国的产品从去年的 5000 万下降（到 / 了）1000 万，减少了（80%/4 倍）。

四、指出下面句子中的黑体字还可以用哪个词来代替。

（1）20 世纪 90 年代，互联网开始进入到商业应用阶段，发展**异常**迅速。

（2）**与此同时**，互联网的出现也影响到我们生活的方方面面，特别是对我们的购物**方式**影响巨大。

（3）从"2008—2012 年网民数量变化"折线图与"2008—2012 年中国互联网普及率变化情况"折线图来看，网民的数量、网络的普及率都有不同程度的**上涨**。

（4）"服装鞋帽"与"日用百货"具有金额小、易保存、体积小的特点，更**符合**网络购物的特点，也更能够体现网络购物的便捷性。

（5）但随着网络购物市场的发展，**依托**电子支付平台的跨境零售业可能会成为未来一种新的趋势。

五、阅读课文，选择正确答案。

（1）关于互联网的说法以下哪一项是错误的：_____

A. 20 世纪 90 年代，互联网开始进入到商业应用阶段，发展异常迅速。

B. 尽管中国互联网的发展起步比国际互联网要晚，但是进入 20 世纪以来，同样发展迅速，特别是在网络购物方面。

C. 如今网络已经渗透到经济与社会活动的各个领域，成为推动世界经济发展和社会进步的重要力量。

D. 网络购物改变了以往的商业模式，购物的客户来自全球各地，购物的时间也不分白天黑夜。

（2）"网络购物交易额逐年增加，五年的时间里，2012 年的网络购物交易额

比2008年增加了9倍"，其中"交易额"的"额"意思是：_____

  A.额头。

  B.匾额。

  C.顶端。

  D.数目、数量。

（3）以下关于中国网购商品的说法不对的是：_____

  A."服装鞋帽"所占全部网购商品比例最高，为81.80%。

  B."日用百货"占全部网购商品的31.60%。

  C."电脑、数码产品"占全部网购商品的29.60%。

  D.在网络上，对理性消费品的购买率要远远高于易耗品的购买率。

（4）本文中提到的中国购物网站是：_____

  A.卓越、当当、阿里巴巴、新浪。

  B.搜狐、京东商城、一号店。

  C.腾讯、阿里巴巴、京东商城。

  D.卓越、当当、阿里巴巴、淘宝、京东商城、一号店。

（5）"综上所述，网络的发展、购物的便捷、巨大的消费市场是中国网购市场快速发展的主要原因。"其中，"综上所述"的"上"指的是：_____

  A.第一自然段。

  B.第三自然段。

  C.第三、四、五自然段。

  D.第二自然段。

 课后写作

  本课是图表分析文章，请你寻找财经领域中的某种现象，先查阅材料寻找相关数据和图表，根据所查阅的材料进行图表分析，回忆本课学习过的相关句型，

尽量脱离模板，列出写作提纲，自己写作。

UNIT 4

第四单元　财经分析

课前预习

1. 你了解雀巢吗？你所知道的雀巢的产品都有哪些？
2. 课文中的小标题与分析的原因之间是什么关系？

第十二课

雀巢的成功

 词汇解释

纤夫	qiàn fū	以背纤拉船为生的人。
劳动号子	láo dòng hào zi	集体劳动中大家一起用力时，为统一步调、减轻疲劳而唱的歌，大都由一人领唱，大家合唱。
磨合	mó hé	互相适应。
智慧	zhì huì	分析判断、发明创造的能力。
诱惑	yòu huò	吸引，招引。
撤出	chè chū	退出来。
翻番	fān fān	成倍增长。
心浮气躁	xīn fú qì zào	心里浮躁，不踏实。
急功近利	jí gōng jìn lì	急于求成，贪图眼前的利益。
声名赫赫	shēng míng hè hè	名气很大。
宽容	kuān róng	宽大有气量。
循序渐进	xún xù jiàn jìn	按照一定的程序逐渐推进或提高。
持之以恒	chí zhī yǐ héng	能够长期坚持下去。
免疫力	miǎn yì lì	抵抗某种疾病的能力。
舆论	yú lùn	公众的言论。
抵制	dǐ zhì	阻止某些事物，使它不能侵入或发生作用。

课文分析

文章开头部分

像许多在中国的跨国公司一样，雀巢公司在公众的眼里有着良好的形象，是个很成功的企业。每个企业的成功都有其原因，雀巢公司也不例外。雀巢公司成功的原因很多，其中，具有鲜明的个性是它成功的原因之一。细细数来，雀巢的个性有以下几点：

阅读指导

文章是怎样写开头的？

相关句型

1. 像……一样，×××有着……的形象，是……
2. ……的原因很多，其中，……是……的原因之一。

文章中间部分

从来也不急

日本人松本一男在他的著作《中国人的智慧》中，花了不少笔墨说中国人的性子慢，如中国人走路速度慢；**纤夫**的**劳动号子**像打太极拳的节奏；连不动产的出租期限都比日本长十多倍等。如果慢性子真是中国人的一大特点的话，那么这倒是可以作为雀巢公司在中国取得成功的一个原因，因为，雀巢公司的作风也是个慢性子。

雀巢在 20 世纪 80 年代初就开始与我国政府谈判黑龙江双城奶制品的生产项目，但将近十年后才开始运转，真正进入高速发展期则是在 20 世纪 90 年代末。之所以用了这么长的时间，一方面是前期有个**磨合**过程；另一方面是因为雀巢是把它作为一项系统工程来做的。据说它要"帮助中国的农场改良奶牛"。雀巢咖啡在中国的生产也经历了类似的过程，东莞雀巢公司成立前曾经历了一年半的谈判，而公司开始运行后，并没有"大干快上"，而是从对云南省咖啡种植的"援助计划"做起。此外，雀巢水项目仅考察水源就用了三年时间，而雀巢冰淇淋项目则把大量的时间用在研究"中国消费者的口味"上，它要"从观念上树立真正中国化的冰淇淋"。

今天，当我们看到雀巢在中国的咖啡、奶制品市场上成绩突出，水、糖果和冰淇淋业务也开始迅速增长的时候，我们似乎能够理解雀巢的"慢"了。这种"慢"是一种有意识的、从容的"慢"，它代表两个意思：一个是办企业的长远眼光；一个是做事情的完美主义倾向。在这里，"慢性子"意味着智慧和细致。它反复用"味道好极了！"来诱惑这个具有深厚茶文化的古国，用"选品质，选雀巢"作为自己产品质量的宣言。

同样，雀巢在韩国也有十多年没赚到钱，但是现在市场前景却非常乐观。另一个例子是，在1998年金融危机期间，当竞争对手撤出俄罗斯市场时，雀巢却坚持了下来，并且在随后的18个月内使巧克力、咖啡和冰淇淋的市场份额翻番。

雀巢的"慢性子"也许和它总部处在风景秀丽的日内瓦湖畔有关，窗外的景色似乎永远也不会让雀巢的决策者心浮气躁。不论是现任首席执行官彼得·布拉贝克，还是他的前任希尔马特，都使雀巢克服了急功近利的思想，他们更愿意为数十年后的未来着想。

阅读指导

1. 这几个自然段分析的雀巢成功的原因是什么？

2. 为了分析原因，都举了哪些例子说明？

相关句型

1. ×× 之所以……，一方面是（因为）……；另一方面是因为……

2. ……；另一个例子是……

包容的态度

如同每种生物都有它独特的生存之道一样，雀巢善于并购其他企业，也长于应付并购后的复杂局面，甚至于对一些难以对付的公司，雀巢也可以平稳顺畅地进行管理。在这方面它是**声名赫赫**。

为了使公司不断出现新的增长点，或提高自身的市场地位，他们不断地并购其他企业的业务。雀巢并购其他公司以后，继续让这些公司的管理人员进行管理，只不过是在原有的基础上做一些整合，这比派出自己的人去接管它们要好得多。"我们想要一个公司就是因为它有成功的管理团队，为什么我要再毁坏自己花钱买的东西呢？"现任首席执行官彼得这样解释道。也许正是因为有这样**宽容**的心态，才使得雀巢既有惊人的食量，又能很好地消化。

雀巢在扩张中发展出的这种技能是很难被别人复制的，而这正是它的优势，这种优势随着时间的推移还会被不断地强化。

同样的品质被雀巢用在了融合地方文化方面。对于有着深厚茶文化的中国市场，雀巢咖啡的产品拓展是非常谨慎的，因为它已经不仅仅是在销售产品，而且也在影响本地的文化。所以，它选择了**循序渐进**、**持之以恒**的策略。奶制品也是一样。而对于冰淇淋、糖果等容易被接受的现代产品，则更多地加入了适合本地居民口味的创新。比如开发出红豆、绿豆、栗子等为原料的冰淇淋，以及含有中国本地调料的脱水烹调食品等。

阅读指导

1. 这几个自然段分析的雀巢成功的原因是什么？

2. 为了分析原因，都举了哪些例子说明？

相关句型

1. 也许正是因为……，才使得……既……，又……

2. 对于……，……是非常……的，因为……不仅……，而且也……

倔脾气

在雀巢公司的很多市场行为中，都能看出它有一个倔脾气。人之所以"倔"，一般是因为有可以"倔"的资本，另外就是有固执的本性。雀巢公司正是两者都具备。

雀巢公司至今已有136年的历史，是世界上最大的食品公司，它现在拥有860亿美元的资本额，年销售额超过500亿美元；它在84个国家设有工厂，有员工26万人，还拥有6000个品牌。了解了这些背景，当你遇到它"倔"的一面时，就可以见怪不怪了。

不过，雀巢公司始终都不会忘记20年前自己曾为这种倔脾气付出的代价。

1977年，有传言说，雀巢婴儿奶粉的大量使用，使得母乳哺育率下降，从而导致婴儿因缺乏**免疫力**而死亡。由于雀巢没有考虑**舆论**，继续我行我素，结果遭到了新闻媒介更猛烈的抨击，使得后来竟然发展成为一场世界性的**抵制**雀巢产品的运动。雀巢产品几乎在市场上没有了立足之地，这给雀巢公司带来了严重的危机。在雀巢公司的努力下，直到1984年这场危机才结束。

雀巢固执的一面实际上来自公司的经理层。现任首席执行官彼得·布拉贝克显得很有强硬派作风，对他的形容也许用"执着"要比"固执"好一些。他似乎永远在和股东作斗争。因为这种斗争是公司长期利益和短期利益之间的较量。

投资者往往希望公司能够在一些稳定的、集中的业务上做得更好，以期得到满意的回报；但是从公司的发展来看，长期实行这样的策略必然会使公司业务的增长缺少动力，缺乏生机。彼得和他的前任希尔马特却更在乎公司长远的利益，为了使公司不断出现新的利润增长点，或提高自身的市场地位，他们不断地并购其他企业的业务，但这样花费巨额资金所造成的利润率低下当然是投资者不愿看到的。因为仅仅在刚过去的18个月中，雀巢就已经花了180亿美元用于购买其他公司。不过，彼得总是能够很自信地面对投资者，他认为真正的成功是在激烈的市场竞争中获得的。

阅读指导

1. 这几个自然段分析的雀巢成功的原因是什么？

2. 为了分析原因，都举了哪些例子说明？

相关句型

1. ……之所以……，一般是因为……，另外就是……

2. ……往往……，以期……，但是……必然会……

文章结尾部分

就这样，雀巢公司以它雄厚的实力和鲜明的个性证明着自己，不但在激烈的市场竞争中生存下来，而且还取得了非凡的成绩。它的慢性子、包容心和倔脾气也一直为人们津津乐道，这三个特点不仅成就了雀巢的成功，也是雀巢企业文化的特征。

阅读指导

文章结尾写了什么？有什么特点？

阅读总结

在教师指导下，与你的同桌讨论本课的写作方式，列出本课的写作提纲。

要点讲解

一、汉语关联词的运用（3）

1. "如果……那么……"

表示假设，"如果"后面的句子提出假设，"那么"后面的句子表示假设实现后所产生的结果。

例如

1）如果慢性子真是中国人的一大特点的话，那么这倒是可以作为雀巢在中国取得成功的一个原因。

2）如果不互相尊重，那么爱也不能持久。

2."……因为……"

表示因果关系，"因为"前面的句子表示结果，后面的句子表示原因。

例如

1）他迟到了，因为早晨起床晚了。

2）他的汉语讲得很流利，因为他在中国已经住了十多年了。

3."不／无论是……还是……都……"

表示条件关系，"不／无论是"、"还是"后面的句子表示条件，"都"后面的句子表示在满足条件的情况下产生的结果。

例如

1）不论是现任首席执行官彼得·布拉贝克，还是他的前任希尔马特，都使雀巢克服了急功近利的思想，他们更愿意为数十年后的未来着想。

2）不论是你来，还是他来，我们都欢迎。

二、小标题的运用

在汉语文章的写作中，经常会使用小标题来进行叙事和说理，以使文章在内容上条理清晰、脉络分明，而且十分醒目，读者一下就能明白整篇文章要说哪些问题。如在本篇文章中，在剖析雀巢成功的原因时，分别从："从来也不急""包容的态度""倔脾气"三个方面去分析。

课堂读写练习

04

一、阅读下面一段文字，使用所给出的模板将文字材料整理成 200 字左右的分析性文章。

写作材料

　　麦当劳是世界上最大的快餐集团，从 1955 年创办人雷·克罗克在美国伊利诺斯普兰开设第一家麦当劳餐厅至今，它在全世界已拥有 28000 多家餐厅。在中国，至 2000 年年底，麦当劳已经开设了 300 多家餐厅，麦当劳金黄色的双拱门已经深入人心，成为人们最熟知的世界品牌之一。麦当劳弘扬的是一种家庭式的快乐文化，强调其快乐文化的影响。和蔼可亲的麦当劳大叔、金色拱门、干净整洁的餐厅、面带微笑的服务员、随处散发的麦当劳优惠券等是消费者所能看到的外在的麦当劳文化，还有很多属于企业内在的品质，是麦当劳自始至终坚持的，这些品质更是麦当劳成功的保障。为了保证高标准的食品质量，麦当劳对其产品的要求也是世界级的！麦当劳公司通过技术转移来确保食品和其他产品符合麦当劳严格的质量标准。当麦当劳 1990 年在中国开设第一家餐厅时，麦当劳的供应商早在 1983 年就已经开始在中国投资兴建工厂、开发农场，为麦当劳半成品的生产与加工做准备，所有工厂及农场都具有先进的生产技术。至今，麦当劳的供应商已在中国各地区先后建立了 50 多家很有规模的养殖及食品加工厂，生产优质的肉类、蔬菜类等原材料。现在麦当劳有 95% 的原料从当地采购，其中牛肉饼已是 100% 本土生产加工。所有麦当劳食品在送到顾客手中之前，都必须经过一系列周密的品质保证系统，单是牛肉饼从生产加工至出售到顾客手中必须经过 40 多次的严格质量检查。快捷、友善和可靠的服务是麦当劳的标志，每一位员工都以达到"百分之百顾客满意"为最基本的原则。麦当劳餐厅的服务员谦恭有礼，餐厅的设备先进便捷，顾客等候的时间很短，外卖还备有各类消毒的食品包装，干净方便。餐厅布置典雅，适当摆放一些名画奇花，播放轻松的乐曲，顾客在用餐之余还能得到优美的视听享受。有些餐厅为方便儿童，专门配备了小孩桌椅，设立了"麦当劳叔叔儿童天地"，甚至考虑到了为小孩换尿布的问题。走进麦当劳餐厅，你会感觉到那里的环境清新幽雅、干净整洁。为了让顾客在麦当劳餐厅能享受到干净、舒适、愉快的用餐环境，麦当劳制定了严格的卫生标准，如员工上岗前必须用特制的杀菌洗手液搓洗20秒，然后冲净、烘干。麦当劳不仅重视餐厅和厨房的卫生，还注意餐厅周围和附属设施的整洁，连厕所都规定了卫生标准。麦当劳老板认为，如果一个顾客在用餐之后，走进的是一个肮脏不堪的洗手间，很难想象他下次还会再光顾这家餐厅。"物有所值"是麦当劳对顾客的承诺，麦当劳的食品讲求味道、颜色、营养、价格与所提供的服务一致，这样，顾客们不管是在纽约、香港或北京光顾麦当劳，都可以吃到同样新鲜美味的食品，享受到同样快捷友善的服务，感受到同样的整齐清洁及物有所值。

写作模板（添加小标题分析）

（文章开头1）

_____（现象名称）是目前_____（国家或地区的名称）引人注目／普遍／引起人们广泛关注的现象，也许正是因为_____，才使得_____。具体来说有如下几点。

（文章开头2）

_____（产品、商品名称）是世界知名／享有世界声誉／有极高知名度的品牌／企业／产品，每个_____都_____，_____也不例外，具体分析，_____的原因主要有如下几点。

（文章开头3）

_____的衰落／失败／减少，是近期最引人关注的话题，推究／分析／探讨_____的衰落／失败／减少，我们发现不论是_____，还是_____，（××）都_____。因此我认为：_____的主要原因是：_____。

（文章分析部分，添加小标题）

××××××

_____

××××××

_____

××××××

_____

（文章结论部分1）

通过以上分析，我们可以看出_____是导致／产生／引发_____的主要原因。

（文章结论部分2）

通过以上分析，我们可以看出：导致／产生／引发_____的主要原因是：_____。

（文章结论部分3）

综上所述，_____之所以_____，是因为_____、_____、_____。为了能够_____，就必须要做到_____。

写作指导

1. 文章的题目。除了下面给出的文章题目外，你还能想出别的吗？注意你的题目要能够体现出分析性文章的特点。请将你选定的题目写到稿纸的正确位置。

　　A. 麦当劳成功的原因

B. _____

C. _____

D. _____

E. _____

2. 文章的开头。请从所给出的三种开头方式中选择一种，你也可以把三种开头的方式综合在一起使用，选择模板中对你有用的表达，有一些句子可以不要。例如：

_____（产品、商品名称）是世界知名的品牌，我们发现不论是_____，还是_____，（##）都_____。因此我认为：_____的主要原因是：_____。

3. 文章的分析部分。在教师的带领下，从所给的写作材料中概括出麦当劳成功的原因，并给这些原因选择合适的小标题，结合模板所提供的表达方式写出文章的核心内容。注意不用展开，每个标题下面用一两句话概括即可，例如：

严格的质量标准

_____

××××××

_____

××××××

_____

4. 文章的结论部分。请从所给出的两个模板的结尾中选择一种，你也可以把两种结尾的方式综合在一起使用。

二、选择正确的关联词填空。

无论……也……，不但……而且……，如果……那么……，只有……才……，因为……所以……

（1）革新技术以后，（　　　）加快了生产速度，（　　　）提高了产品的质量。

（2）（　　　）他从小生长在农村，（　　　）对农民有深厚的感情。

（3）（　　　）犯罪分子怎么变换手法，（　　　）逃脱不了人民的法网。

（4）人类（　　　）解放思想，努力学习，（　　　）可以掌握更多的科学技术知识。

（5）（　　　）我们能克服前一时期学习上的一些困难，（　　　）今后的困难也同样能克服。

三、写出／下面句子中黑体部分词语的同义词。

（1）它成功的原因很多，其中，具有**鲜明**的个性也是它成功的原因之一。

鲜明：

（2）它反复用"味道好极了！"来诱惑这个具有**深厚**茶文化的古国，用"选品质，选雀巢"作为自己产品质量的宣言。

深厚：

（3）如同每种生物都有它**独特**的生存之道一样，雀巢善于并购其他企业，也长于应付并购后的复杂局面。

独特：

（4）为了使公司不断出现新的增长点，或**提高**自身的市场地位，他们不断地并购其他企业的业务。

提高：

（5）由于雀巢没有考虑舆论，继续我行我素，结果**遭到**了新闻媒介更猛烈的抨击。

遭到：

四、阅读课文，选择正确答案。

（1）"就像许多在中国的跨国公司一样，雀巢公司在公众的眼里有着良好的形象，是个很成功的企业。每个企业的成功都有原因，雀巢公司也不例外。雀巢公司成功的原因很多，其中，具有鲜明的个性也是它成功的原因之一。"这段话的意思可以这样理解：_____

    A. 雀巢公司有性格。

    B. 雀巢公司在公众眼里有良好的形象。

    C. 雀巢公司的成功和失败与它鲜明的个性有很大的关系。

    D. 雀巢公司是个成功的跨国公司。

（2）说雀巢是慢性子，它的含义在于：_____

    A. 雀巢用来进入高速发展期的时间太长了。

    B. 东莞雀巢公司成立前曾经历了一年半的谈判。

    C. 雀巢水项目仅考察水源就用了 3 年时间。

    D. 这种"慢"是一种有意识的、从容的"慢"，"慢性子"意味着智慧和细致。

（3）"雀巢在扩张中发展出的这种技能是很难被别人复制的，而这正是它的优势，这种优势随着时间的推移还会被不断地强化。"这里"这种技能"指：_____

    A. 雀巢善于并购其他企业。

    B. 长于应付并购后的复杂局面。

    C. 雀巢并购其他公司以后，继续让这些公司的管理人员进行管理，只不过是在原有的基础上做一些整合罢了。

    D. 因为有这样宽容的心态，才使得雀巢既有惊人的食量，又能很好地消化。

（4）"人之所以'倔'，一般是因为有可以'倔'的资本"，雀巢这方面的资本在于：_____

    A. 雀巢公司至今已有 136 年的历史，是世界上最大的食品公司。

B. 它现在拥有 860 亿美元的资本额，年销售额超过 500 亿美元。

C. 它在 84 个国家设有工厂，有员工 26 万人，还拥有 6000 个品牌。

D. 以上三点。

（5）"投资者往往希望公司能够在一些稳定的、集中的业务上做得更好，以期得到满意的回报；但是从公司的发展来看，长期实行这样的策略必然会使公司业务的增长缺少动力，缺乏生机。彼得和他的前任希尔马特却更在乎公司长远的利益，为了使公司不断出现新的利润增长点，或提高自身的市场地位，他们不断地并购其他企业的业务，但这样花费巨额资金所造成的利润率低下当然是投资者不愿看到的。因为仅仅在刚过去的 18 个月中，雀巢就已经花了 180 亿美元用于购买其他公司。不过，彼得总是能够很自信地面对投资者，因为他认为，真正的成功是在激烈的市场竞争中获得的。"作者写这段话的目的在于：_____

A. 用来说明现任首席执行官彼得·布拉贝克的强硬派作风。

B. 说明彼得·布拉贝克永远在和股东作斗争。

C. 解释彼得·布拉贝克的"执着"。

D. 证明雀巢固执的一面则来自公司的经理层。

课后写作

尝试列小标题分析的写作方法，选取某一经济问题或社会问题进行分析，尽量脱离写作模板，列出写作提纲，自己写作。

单元写作练习

商务交际书信·贺信的写法

一、关于贺信

（1）一般的汉语商务交际书信形式上应包含以下内容：标题、称谓、正文、落款。

标题（写在正中间）

称谓：（顶格写）

_____

_____

_____

_____

_____

_____（祝贺的原因）

_____（赞美对方的成绩，另起一行，前空两格）

_____

_____（对对方的祝愿，另起一行，前空两格）

×××

（落款）

×年×月×日

（2）贺信的标题部分要注明："贺信"或"×××致×××的贺信"。

（3）贺信的称谓部分可以是个人，如"（尊敬的）×××先生/女士"。也可以是一个公司或单位的名字。

（4）贺信的正文部分一般包括："祝贺的原因""高度评价对方的成绩""表

达对今后的祝愿"。

（5）贺信的落款部分一般包括："贺信发出者的姓名或单位名称""贺信写作或发出的日期"。

二、祝贺升职的贺信

（一）范文

贺　　信

尊敬的李明先生：（顶格写，加敬语）

　　欣闻您晋升／荣升新达贸易公司总经理，在此向您致以热烈的祝贺！（祝贺的原因，另起一行，前空两格）

　　在我们两家公司合作的几年时间里，目睹了您为贵公司做出的巨大贡献，您的个人能力、品格都十分令人钦佩。（对对方成绩的肯定。另起一行，前空两格）

　　我们衷心地祝愿您在新的职位上做出更大的成绩！（再次祝贺。另起一行，前空两格）

利华公司总经理：王立

2010 年 5 月 10 日

（二）写作模板：（祝贺荣升）

＿＿＿＿＿＿＿＿（标题）

＿＿＿＿＿＿：（称谓）

　　＿＿＿＿＿＿（祝贺的理由），在此／我谨代表公司的全体同仁向您致以／表示热烈的祝贺。

　　您在＿＿＿＿＿＿中所付出的艰辛和努力令人＿＿＿＿＿＿。／我们目睹了您为＿＿＿＿＿＿做出的巨大成绩。您的＿＿＿＿＿＿、＿＿＿＿＿＿都十分令／让人＿＿＿＿＿＿。（对对方取得的成绩的肯定）

　　（衷心）祝愿您＿＿＿＿＿＿！（表达对今后的祝愿）

××公司×××：×××

×年×月×日

三、祝贺开业的贺信

（一）范文

贺　信

宏达公司：（顶格写，加敬语）

我们惠康公司对贵公司开业一周年表示热烈的祝贺！（祝贺的原因，另起一行，前空两格）

贵公司开业以来的这段时间里，恰逢全球金融危机。织田公司能够上下一心、团结一致，克服重重困难取得骄人的业绩，实在是一件值得引以为荣的事情。（对对方成绩的肯定。另起一行，前空两格）

衷心祝愿贵公司在今后的发展中取得更大的成功！（再次祝贺。另起一行，前空两格）

惠康公司

2010 年 6 月 17 日

（二）写作模板：（祝贺开业）

＿＿＿＿＿＿＿（标题）

＿＿＿＿＿：

我谨代表××公司/我公司/我们××公司对＿＿＿＿（祝贺的理由）表示/致以热烈祝贺！

＿＿＿＿＿（介绍公司的经历及取得的成绩）。

衷心祝愿/祝愿＿＿＿＿取得更大的成绩/成功！（表达对今后的祝愿）

×××公司

×年×月×日

四、写作任务

请按照模板的提示写一封贺信，祝贺升职或开业。

五、写作指导

（1）先确定贺信的内容，是祝贺升职还是祝贺开业。

（2）注意贺信写作的格式，哪部分要顶格写，哪部分要另起一行空两格。

（3）先在教师的指导下完成下列句型造句，再完成写作任务。

① 我谨代表……向……致以……

② 您的 / 贵公司的……令人……

③ 衷心祝愿 / 祝愿……

UNIT 5

第五单元　经济短论

课前预习

1. 用自己的话复述本课文的故事。

2. 作者想用这个故事说明一个什么道理？

第十三课

小鞋匠推动大公司

词汇解释

窘境	jiǒng jìng	令人十分为难的处境。
激活	jī huó	用某种方式刺激使人或事物重新活跃起来。
颓废	tuí fèi	没有精神和活力。
濒临	bīn lín	接近、临近。
沮丧	jǔ sàng	灰心失望。
谣言	yáo yán	没有事实根据的消息。
困惑	kùn huò	感到疑难，不知道该怎么办。
坦陈	tǎn chén	如实地说出。
休会	xiū huì	会议在进行期间,暂时停止开会。
大庭广众	dà tíng guǎng zhòng	人很多的公开场合。
油光锃亮	yóuguāng zèng liàng	非常得光亮。
索取	suǒ qǔ	要。
惨淡	cǎn dàn	凄凉，萧条，不景气。

课文分析

文章开头部分

　　瑞士的埃尔德集团，是目前全球最大的收银机销售公司。但是在公司成立的最初几年，因业务代表的消极心态，曾让公司面临失败的**窘境**。在这关键的时刻，是一个小鞋匠的话**激活**了所有销售代表**颓废**的心。从此，**濒临**倒闭的公司走上了强盛之路。

> ### 阅读指导
>
> 1. 从文章的开头我们能了解瑞士埃尔德集团的什么？
> 2. 开头这样的写法在整篇文章中起到什么作用？

> ### 相关句型
>
> 1. 但是……因……曾……
> 2. ……。在这关键的时刻，是……

文章中间部分

那年，公司陷入了空前的财务危机之中。总裁查菲尔先生亲自来到业务代表中间探访。他深知业务代表是公司最重要的资产，而保护这些资产的最好的办法就是激发他们的活力。查菲尔对这些神情**沮丧**的业务代表们说："我们的竞争对手，正在散布一些小道消息，说我们公司出现了无法克服的财务危机；还传出了**谣言**，说我们将削减业务代表，这些都不是事实。我今天来，就是召集各位，请大家如实地为自己辩护，诚实地说出自己的**困惑**。"

有位销售代表说："我的销售成绩下降，是因为我负责的那个区域正遭逢干旱，大家的生意都受到了影响，没有人愿意购买收银机。还有，今年是总统大选年，每个人都在担心选举结果，大家的注意力都在总统身上，没有人有兴趣购买收银机……"

话音未落，第二位业务代表就站了起来，他的理由甚至比第一位更消极，言词中充满了茫然和颓废："我感觉公司快要完蛋了，我承认我正准备跳槽。"此时，业务代表中的一半人都**坦陈**自己确实在另谋出路。

查菲尔激动地打断了业务代表们的话，镇定地说："现在**休会** 15 分钟，让我来擦擦鞋子，但请大家仍各就各位，后面将有精彩的内容。"

一分钟后，公司门口那个每天替员工们擦鞋的小鞋匠被人叫了过来。查菲尔在**大庭广众**之下，与小鞋匠聊了起来。

"你几岁了？在我们公司门口擦鞋有多久了？"查菲尔问他。

"我9岁，来了6个月了。"小男孩回答。

"很好，你擦一次鞋赚多少钱？"

"擦一次5分钱"，男孩回答道，"但有的时候，我会得到一些小费。"

"在你来之前是谁在这里擦鞋？他为什么离开？"

"是一位叫比尔斯的男孩，他已经17岁了。我听说，他觉得擦鞋无法维持生活而离开了。"

"那你擦鞋一次只赚5分钱，有办法维持生活吗？"业务代表们都惊异地听着男孩下面的回答。

"可以的，先生。我每个星期五给我的妈妈10元钱，存5元到银行，再留下2元做零花钱。我想我再干一年，就可以用银行里的钱买辆自行车了，但妈妈并不知道这件事，我要给她一个惊喜。"小男孩一边卖力地擦着鞋子，一边微笑着回答问题。

看着**油光锃亮**的皮鞋，查菲尔掏出5分钱给了小鞋匠，男孩高兴地说："谢谢您，先生。"查菲尔又掏出1元小费递给男孩，男孩面露迷人的微笑，还是那样欢快地说："谢谢您，先生。"

查菲尔感慨地摸着男孩的头，说："小家伙，谢谢你，你给我们做了一次很好的演讲。"接着，查菲尔转向业务代表们说："这位男孩现在做的工作，过去是由一个比他大8岁的男孩负责的。他们的工作相同，**索取**的费用相同，服务的对象也相同。"

"但是，"查菲尔激动地说，"两个人的结局不一样！这个小鞋匠内心充满着生活的希望，当他工作时，脸上总是带着微笑。他期待成功，所以成功也就走向他。而原来那个男孩性情非常冷漠，悲观失望，心情不稳定。而且，当顾客给他5分钱时，他也不会说声'谢谢'，因此，他的顾客也不会再给他小费，自然也就不愿再看到他冷漠的脸……所以，他的生意越来越**惨淡**，当然无法以此为生。"

这时，小男孩抢着说："我相信，我的努力会让很多人需要我……"这时，第一位演讲过的业务代表顿时醒悟了，他说："我明白了，我们之所以销售得不好，就是因为我们光接受了别人的困难，被对方的困难吓退了，而没有在销售收银机的时候，用我们的快乐和胜利的信念感染对方，并消除他的恐惧心理。其实，不管对方有多少困难，当你把自己的乐观和自信带给他时，他自然就会接受你。"

查菲尔郑重地说："是的，成功与失败的差别只在心态。一个9岁的小孩子都会漠视困难的环境，积极销售他的乐观和自信，那我们呢……先生们，重拾一颗自信的心，回到你们的销售区去吧。"结果，第二年，埃尔德集团就依靠全体员工的团结努力，走出了困境，在全球取得了令人骄傲的业绩。

阅读指导

1. 文章的中间部分都在讲小鞋匠的故事，查菲尔先生为什么请来了小鞋匠？

2. 你认为小鞋匠是个什么样的孩子？

相关句型

1. 甚至比……更……

2. 我感觉……，我承认……

3. ××一边……，一边……

文章结尾部分

这个故事告诉我们：人在任何时候都不要失去乐观和自信，这一点在经营中更是如此，当你把乐观和真诚连同你的服务一同销售出去时，成功就在眼前。

阅读指导

文章结尾部分写了什么？在整篇课文中起到了什么作用？

相关句型

这个……告诉我们：……

阅读总结

在教师指导下，与你的同桌讨论本课的写作方式，列出本课的写作提纲。

要点讲解

一、叙议结合的议论文

叙议结合的议论文通常都是通过讲述一两个小小的事例，来说明某个道理，谈自己对某个问题的见解。这篇文章就是通过讲述瑞士埃尔德集团走出困境的故事说明乐观和自信不仅是一种可贵的品质，也是经营之道，乐观、自信和真诚是商业成功的重要因素。

二、表示引出结论的说法（2）

1. ……告诉我们

用在列举某件事来说明某个道理上。

例如

1）这个故事告诉我们：人在任何时候都不要失去乐观和自信，这一点在经营中更是如此，当你把乐观和真诚连同你的服务一同销售出去时，成功就在眼前。

2）以上的事件告诉我们：失败并不完全是坏事，有时在人生中还很重要。

2. 我认为 / 依我看

用来说明自己的观点、看法；强调是自己的认识。

例如

1）我认为，如果父母能尊重孩子，孩子会更加信任父母。

2）依我看，以上的结论是不正确的。

3. 如此看来

例如

1）如此看来，学校的决定是正确的。

2）如此看来，我们有必要执行下一步方案。

4. 上述事实表明

例如

1）上述事实表明：科学的管理在一个组织当中是很重要的。

2）上述事实表明：质量是产品的生命。

课堂读写练习
04

一、阅读下面的文字材料，使用所给出的写作模板将文字材料整理成
200 字左右的叙议结合议论性文章。

写作材料

（一）

有位叫米莉的多伦多女人，她虽然长得不难看，但身高只有 3 英尺。为此，她感到非常苦闷和烦恼。有一天，她毫无目的地在马路上闲逛，当她看到一位身高 6 英尺的英俊男子走过身边时，忽然眼前一亮，顿觉商机涌动。于是，她借故接近高个子男子，并建议他利用两人的身材特点，开办世界上第一个"极端"食品店，专营大小两极分化的糖果，并用夸张的手段，使之形成鲜明的对比，以引起大人、小孩的好奇心。高个子男人听后觉得很有道理，便欣然同意，开张后果然顾客盈门，财源广进。

（二）

　　有一位叫查理的美国人，他在大学时代就发现自己的嗅觉灵敏度远远超过常人，就长期加以自我训练。他常常把橡胶品、皮鞋、鸡鸭内脏等一些莫名其妙的东西扔进焚化炉，然后测试散发出的各种不同的气味。当他看到来请自己辨别气味的客户越来越多时，他从中窥出商机。于是，他开办了自己的气味公司，从而使自己的大鼻子名副其实地商品化。他的大鼻子替客户查明不同的气味，或对症下药，加以消除；或搜集证据，替人消灾；或追踪罪犯，破案缉凶。由于这种事情非他莫属，所以他每年的营业额高达150万美元。

（三）

　　北京有位年轻人，生活十分拮据，但他有着丰富的想象力。一天，他把自己穿烂的一只皮鞋随手丢在地板上，谁知这只皮鞋鞋尖开了口子，像是咧着嘴在嘲笑他。当他一怒之下要把它抛到楼下去时，忽然从中萌发了创意。因为这只皮鞋面太像一张脸谱了。于是他立即收集各种破皮鞋，并对他们进行艺术加工，使之变成一副副外形各异、表情极为夸张的面具。这些有特色的面具推上市场后，很快成为抢手货，他也苦尽甘来。

写作模板：（叙议结合的议论文）

（文章开头1）

　　《×××》是我_____的时候看过的一本书（一部电影、一篇文章），这本书（这部电影、这篇文章）给我留下了深刻的印象，对我的_____影响很大。_____。（叙述故事或事件的内容）

（文章开头2）

　　《×××》讲述的是（一个）_____的故事。事情发生在_____（时间、

地点)。(对书、电影、文章内容的介绍)

(文章议论部分 1)

_____是这本书里我最喜爱的人物，_____是个_____的人，从他的身上我学习到了_____ (论点)。让我在今后的生活中更_____。_____。(围绕论点展开论证)

(文章议论部分 2)

这本书 (这部电影、这篇文章) 讲述的 / 叙述的内容包含着深刻的人生哲理 / 道理，_____是一种十分可贵的精神，这也是目前我们所缺少的。_____。(论点)

_____。(围绕论点展开论证)

(文章议论部分 3)

这本书 (这部电影、这篇文章)，引发了很大的争议，有的人认为_____，有的人认为_____。我的观点是：_____。(论点)

_____。(围绕论点展开论证)

(文章议论部分 4)

这件事给了我们很多启发：首先_____。

其次，_____。

再次 / 最后，_____。

(文章结尾)

总之 / 所以 / 由此看来，只有_____才能_____。(要_____，就必须_____。)

✍ **写作指导：**

1. 文章的题目。除了下面给出的文章题目外，你还能想出别的吗？注意你的题目要能够体现出分析性文章的特点。请将你选定的题目写到稿纸的正确位置。

    A."米莉的故事"带给我的感想＿＿＿＿＿

    B.＿＿＿＿＿＿＿＿＿＿＿＿＿＿＿＿

    C.＿＿＿＿＿＿＿＿＿＿＿＿＿＿＿＿

    D.＿＿＿＿＿＿＿＿＿＿＿＿＿＿＿＿

    E.＿＿＿＿＿＿＿＿＿＿＿＿＿＿＿＿

2. 文章的开头部分。整理好思路，先用自己的话把故事讲给老师和其他同学听，然后参考模板给出的两种文章开头的形式，写一个文章开头。选择模板中对你有用的表达，有一些句子可以不要。尽量用简洁的语言复述写作材料中的故事，例如：

    这三个小故事／米莉的故事讲述的是＿＿＿＿。这三个小故事／米莉的故事给我留下了深刻的印象，对我的＿＿＿＿影响很大。

3. 文章的议论部分。分成小组讨论一下文字材料中提供的三个故事，就其中一个、两个或三个故事谈一谈你的感想，并把感想整理成你的论点写下来，从写作材料中或日常生活中寻求支持你论点的论据，完成文章的议论部分，例如：

    ＿米莉＿是我最喜爱的人物，＿米莉＿是个＿身体有缺陷＿的人，从她的身上我学习到了＿＿＿＿（论点）。让我在今后的生活中＿更加自信＿。

4. 文章的结论部分。把你的观点再总结一下，参照模板写结论。

二、请用猜词法猜出下面黑体部分词语的意思。

（1）总裁查菲尔先生亲自来到业务代表中间**探访**。

探访：

（2）查菲尔对这些神情沮丧的业务代表们说："我们的竞争对手，正在**散布**一些小道消息，说我们公司出现了无法克服的财务危机。"

散布：

（3）此时，业务代表中的一半人都坦陈自己确实在**另谋出路**。

另谋出路：

（4）查菲尔激动地打断了业务代表们的话，**镇定**地说："现在休会 15 分钟，让我来擦擦鞋子，但请大家仍各就各位，后面将有精彩的内容。"

镇定：

（5）我们之所以销售得不好，就是因为我们光接受了别人的困难，被对方的困难吓退了，而没有在销售收银机的时候，用我们的快乐和胜利的信念感染对方，并**消除**他的恐惧心理。

消除：

三、选词填空。

保护、保卫　　克服、征服　　如实、诚实　　维持、坚持　　资产、资金

（1）注册这家公司需要一大笔（　　　　）。

（2）（　　　）自己的祖国是每一个公民的责任。

（3）现在是非常时期，有情况要（　　　）地向有关部门汇报。

（4）侵占一个国家的领土容易，但要（　　　）一国人民的心却很难。

（5）这些食品和水是用来（　　　）生命的。

（6）大家一定要（　　　）困难，努力工作，争取今年取得更大的成绩。

（7）为了（　　　）自然资源，我们每个人都要从我做起，节约使用身边的资源。

（8）这些都是公司的（　　　），不是你个人的财产。

（9）你再（　　　）一下，马上就要到医院了。

（10）（　　　）是一个人最可贵的品质。

四、改正下面句子中的错误。

（1）去年夏天，我为了更多地了解中国，独自到中国各地旅行。不仅有机会，我就跟中国人用汉语交谈，经过一个月的旅行，我如果看到了许多中国的名胜古迹，而且提高了我的汉语水平。

（2）如果资产不到位，就会影响公司的生产，这个问题很严重，你们不要太悲观。

（3）这本书他已经借了我很长时间了，我得把它索取回来。

（4）我们班的同学是从世界各地召集在一起的。

（5）我这位同学的讲话激活了我们学习汉语的热情。

五、阅读课文，选择正确答案。

（1）总裁查菲尔先生亲自来到业务代表中间探访。他的用意是：＿＿＿＿＿＿＿

　　A. 让大家如实地为自己辩护，诚实地说出自己的困惑。

　　B. 查出业务下降的原因。

　　C. 激发业务代表的活力。

　　D. 向大家提一些问题。

（2）查菲尔先生为什么要擦鞋？＿＿＿＿＿＿＿

　　A. 因为他的鞋子脏了。

B. 他注意到了小鞋匠。

C. 他想让小鞋匠给公司的业务代表做一个榜样。

D. 他想转移公司业务代表的注意力。

（3）查菲尔激动地说："两个人的结局不一样！"意思是说：_____

    A. 两个小男孩最后一个擦鞋；一个不擦鞋了。

    B. 两个小男孩一个受人喜爱；另一个不受人喜爱。

    C. 一个得到了工作；另一个失业。

    D. 一个期待成功，成功也就走向他；一个悲观失望，生意越来越惨淡，无法以此为生。

（4）"小家伙，谢谢你，你给我们做了一次很好的演讲。"这句话的意思是：_____

    A. 查菲尔请小男孩做演讲。

    B. 小男孩的演讲做得很好。

    C. 小男孩用他的行为替查菲尔做了演讲，教育了公司的业务代表。

    D. 小男孩的讲话比查菲尔的讲话好。

（5）"这个故事告诉我们：人在任何时候都不要失去乐观和自信，这一点在经营中更是如此，当你把乐观和真诚连同你的服务一同销售出去时，成功就在眼前。"这一段在文章中的作用是：_____

    A. 总结全文。

    B. 继续叙事。

    C. 发表对故事的看法。

    D. 论据。

课后作业

05

讲述一个故事，说明一个道理。讲述的内容可以来自一本书或一部电影，尽量脱离写作模板，列出写作提纲，自己写作。

第五单元　经济短论

UNIT 5

 课前预习

1. 本篇课文是一篇议论文，论点是什么？
2. 围绕论点的论据都是什么？

第十四课

商场如战场

新商务汉语阅读与写作教程

上册

词汇解释

强势	qiáng shì	在本课中是指性格上很好强、喜欢事事都拔尖的人物。
对簿公堂	duì bù gōng táng	上法庭打官司。
剽窃	piāo qiè	抄袭、窃取别人的作品。
亦步亦趋	yì bù yì qū	自己没有主张，每件事都顺从别人，跟着人家走。
勒索	lè suǒ	用威胁的手段向别人要财物。
相互倾轧	xiāng hù qīng yà	指的是在同一个组织中排挤打击不同派系的人。

课文分析

文章开头部分

在竞争异常激烈的现代商业社会中，企业家处处面临着难以避免的职业冲突。而对于那些致力于打造一家杰出企业的**强势**人物来说，他们的生活简直就像一场永不停息的战斗。正如社会上流行的说法：商场如战场。

阅读指导

文章开头部分写的是什么？

相关句型

正如……的说法 / 所说：……

文章中间部分

第一，在商场上，你要想尽办法从竞争对手那里夺取市场份额，把他们的客户抢过来。你可以利用价格、质量或创新取得竞争优势，但这种争斗经常会不断升级，有时甚至会达到**对簿公堂**的地步。比如"苹果"公司，就在世界几大洲与他的对手"三星"展开了激烈的竞争。两大公司还分别在英国、德国、澳大利亚和韩国相互提起诉讼，指责对方侵犯了自己的专利权。可是谁又能想到，昔日的"苹果"与"三星"还曾经是亲密的合作伙伴呢。"苹果"所生产的 iPhone 和 iPad，其所使用的芯片以前大部分由"三星"制造。但随着两者在智能手机和平板电脑领域的竞争日益加剧，"苹果"开始寻求其他的芯片制造商，和"三星"的关系也有了微妙的变化。"苹果"对"三星"安卓系统的不满由来已久，自安卓系统诞生之日起，苹果的创始人乔布斯就曾讽刺其为**剽窃**之作。2011 年，"苹果"在美国针对"三星"提起诉讼，称"三星"侵犯了"苹果"的专利权，指责"三星"偷窃了部分 iPad 和 iPad 2 的设计，向三星索赔 25 亿美元，并要求停止销售其平板产品。面临"苹果"的围剿，"三星"有两个选择，要么向"苹果"支付专利费；要么走原创之路，彻底让新产品摆脱抄袭之嫌。"苹果"和"三星"之间的交锋为所有的市场参与者敲响了一记警钟：如果总是**亦步亦趋**，没有自身的特色，在这个没有硝烟的战场上将难以站稳脚跟。

阅读指导

这一自然段写的论据是什么？用什么事件支持论据的？

相关句型

面临……；……要么……，要么……

第二，商场如战场还体现在经营过程中与供货商之间的斗争上。在与供货商谈判的过程中，充满了讨价还价的拉锯战以及偶尔会遇到的**勒索**。那些大型零售商的采购员真是令人又恨又怕，因为他们手握大权并且手段冷酷。有很多食品生产商之所以无钱可赚，就是因为他们在与超市的谈判过程中始终处于弱势地位。与此相类似，一些商店的店主也抱怨，他们与物业业主之间也是天生的敌对关系，在与物业业主关于店铺租赁的谈判中，也处于一边倒的弱势地位。这就可想而知，当店家终于有能力去创建网络商店时，就谁也不会去签那租金只升不降的租约了。

阅读指导

为了说明论点，这一自然段的论据是什么？

相关句型

……还体现在……上。

第三，商战不仅发生在竞争对手之间，企业内部的冲突也数不胜数。企业内部各部门与分支机构之间为争夺资源而**相互倾轧**。高层管理人员为职责、头衔、奖金乃至停车位争吵得不可开交。公司的创建者们为争夺公司股权而争吵不休。商业冲突的极端情形是破产，在破产期间几乎每个人都在打仗：企业雇员忙着起诉企业，管理人员忙着解雇员工和处置资产，银行家们在加强资金安全，债主们要求取得对货物的所有权，企业的客户们拒不支付所拖欠的款项，与此同时，竞争对手们则像贪婪的秃鹫般围着公司打转，这种遭遇的确不是胆小之人所能承受得了的。

阅读指导

这一自然段提出的论据是什么？

相关句型

1. ……不仅……，……也……

2. ……，与此同时……

文章结尾部分

总之，资源的有限、野心加上人的本性，意味着商业始终是一项充满不和谐因素的活动。也许那些批评人士说得不错：商业活动就是一场以其他方式进行的战争，是一种激烈又混乱的竞赛，在这场战争中只有那些极富攻击力的选手才会获取大大的回报。

阅读指导

文章结尾是怎么总结的？

相关句型

总之，……

阅读总结

在教师指导下，与你的同桌讨论本课的写作方法，列出写作提纲。

要点讲解

一、立论

针对客观事物或问题，直接提出自己的见解和主张，阐明其理由，表明自己态度的议论方式就是立论。立论性文章有三要素，即论点、论据和论证。论点是文章所要议论、阐述的观点，是作者要表达的看法和主张。论据是证明论点的材料、依据。论证是用论据来证明论点的过程。例如，本篇文章的论点是"商场如战场"，论据是从"从竞争对手那里夺取市场份额""与供货商之间的斗争""企业内部的冲突"三个方面证明论点，文章采取的是"总——分——总"，即"提出论点——用论据证实论点——做出结论"的结构模式进行论证，这也是最常见的一种立论模式。

二、汉语中表达数量的用法（2）：表达数量时常用的词语

1. 达到

例如

1）照此速度，到 20 世纪末，世界人口将达到 63.5 亿。

2）今年粮食亩产达到 1000 斤。

2. 超过

例如

1）西方主要资本主义国家历史上发生经济危机时物价下跌幅度要超过 10%
以上。

2）这部电影的参与制作人员超过 110 人。

3. 不到

例如

1）这支排球队的队员平均年龄不到 30 岁。

2）这个厂今年空调的总产量不到 10 万台。

4. 平均

例如

1）我们平均每人交了 10 元钱。

2）这个学期我考试的各门功课平均成绩是 80 分。

5. 以……的速度增加 / 递减

例如

1）这家公司生产的洗衣机正以每年 2000 万台的速度增加。

2）四年间，商品零售价格指数以每年 2% 的速度递减。

6. 共有

例如

1）截至 2001 年年末，我国共有法人单位 500 多万个。

2）南京今年城建投资 351 亿，共有 170 多个子项目。

7. 长 / 高 / 多达

例如

1）美国政府 2003 年财政赤字高达 1 990 亿美元。

2）今年，中国南方高温持续长达 40 多天。

3）调查显示：中国大学生平均每天上网时间多达 3 小时。

课堂读写练习

04

一、阅读下面的文字材料，使用所给出的写作模板将文字材料整理成 200 字左右的立论文。

写作材料

1980 年的某一天，刚满 19 岁、大学还没有上完的美国青年戴尔，靠卖电脑配件赚到了 1000 美元，他在日记中写道，用这 1000 美元可以：一、搞一次不为世人所知的酒会；二、买一辆二手福特轿车；三、成立一家电脑销售公司。第二天，戴尔用这 1000 美元注册了公司，开始代销 IBM 电脑，并推出了自己的品牌。由于可以采纳世界上各家电脑公司的配件，使各个档次的用户都能满足，戴尔电脑很快成为热销品牌。如今，戴尔电脑的销售额全球第二，利润额全球第一。现任微软中国有限公司总裁的中国青年唐骏，1990 年赴美国攻读博士学位时，一分钱也没有，靠打工和贷款维持学业。当他有了不到 1000 美元的积蓄时，他也想到用它来注册一家公司。但他考虑到资金不足，就用这笔钱先开发了一个当时很热销的卡拉 OK 机的打分软件。演唱者唱完一只歌，这套打分软件会自动给出比较客观的评分，使卡拉 OK 机增加了卖点。这项技术很快被韩国的三星公司买下，唐骏得到了 8 万美元的专利费。用这 8 万美元，他注册了第一家公司——美国双鹰软件公司，接着，又开办了两家公司，一家是好莱坞影业公司；另一家是移民咨询公司。当他的事业有所发展时，被比尔·盖茨看中，加入微软公司。先是担任微软总部一个项目部门的经理，接着升任微软全球技术中心总经理，2002 年 3 月，升任微软中国有限公司总裁。

▶ 写作模板（立论的写作方式）

（文章开头 1）

随着＿＿＿＿＿＿的发展，＿＿＿＿＿＿在我们的生活中扮演着越来越重要的角色。＿＿＿＿＿＿也已成为人们生活中的热门话题，对于＿＿＿＿＿＿，每个人的看法可能都不尽相同，在我看来，我认为＿＿＿＿＿＿。（论点）

（文章开头 2）

最近，＿＿＿＿＿＿（描述现象）。这不得不引发我们思考，这正如现在流行的说法＿＿＿＿＿＿。（论点）

（文章中间部分 1）

首先／第一／一＿＿＿＿＿＿。比如／例如＿＿＿＿＿＿。

另外／其次／第二／二＿＿＿＿＿＿。我们不妨举个例子帮助说明：＿＿＿＿＿＿。

再次／第三／三＿＿＿＿＿＿，我就经历过这样一件事：＿＿＿＿＿＿。

最后＿＿＿＿＿＿。

（文章中间部分 2）

一般来说，＿＿＿＿＿＿／下面我来解释一下为什么要＿＿＿＿＿＿／当你＿＿＿＿＿＿的时候，你是否会＿＿＿＿＿＿呢？／＿＿＿＿＿＿曾指出"＿＿＿＿＿＿"。／俗话说："_____"。生活中这样的例子很多 / 现在还是让我们来看一个例子吧。

（文章结尾）

总之_____。/ 综上所述，_____。因此 / 所以 / 由此可见_____。

> ✎ **写作指导：**

1. 文章的题目。除了下面给出的文章题目外，你还能想出别的吗？注意你的题目要能够体现出一篇立论文章的特点。请将你选定的题目写到稿纸的正确位置。

    A. <u>善于寻找机遇是成功的基础</u>

    B. _____

    C. _____

    D. _____

    E. _____

2. 文章的开头。针对写作材料提供的现象进行思考，从中可以得出哪些结论？选择一个作为你的论点，在文章开头部分提出你的论点。从模板的两个开头中选择一种，你也可以把几种开头的方式综合在一起使用，选择模板中对你有用的表达，有一些句子可以不要。例如：

_____（描述现象），对于_____（现象），每个人的看法可能都不尽相同，在我看来，我认为_____。（论点）

3. 文章中间部分。在这一部分你可以就用写作材料提供的论据进行论证，也可以自己提供其他的论据进行论证。

    首先，<u>在生活中每个人都面临着很多机会，但有的人会发现，有的人却错过了。</u>

    另外 / 其次 / 第二 / 二_____。我们不妨举个例子帮助说明：_____。

    最后，_____。（可以举例子说明）

4. 文章的结论部分。把你的观点再总结一下，参照模板写结论。

二、请用猜词法猜出下面黑体部分词语的意思。

（1）而对于那些致力于**打造**一家杰出企业的强势人物来说，他们的生活简直就像一场永不停息的战斗。

打造：

（2）但随着两者在智能手机和平板电脑领域的竞争**日益加剧**，"苹果"开始寻求其他的芯片制造商，和"三星"的关系也有了微妙的变化。

日益加剧：

（3）2011年，"苹果"在美国针对"三星"提起诉讼，称"三星"侵犯了"苹果"的专利权，**指责**"三星"偷窃了部分iPad和iPad 2的设计。

指责：

（4）有很多食品生产商之所以无钱可赚，就是因为他们在与超市的谈判过程中始终处于**弱势**地位。

弱势：

（5）在破产期间几乎每个人都在打仗：企业雇员忙着起诉企业，管理人员忙着解雇员工和**处置**资产。

处置：

三、改正下列句子的错误。

1. 今天无论多忙，我都要去机场接我妹妹。她是第一次来北京，所以我很担心她会迷路。北京的路很整齐，我住在经贸大学，很容易找到。只有买一张地图，才能找到我住的地方。

2. 科学家们发现，如果飞来的财富可以带给人们快乐，但崇尚物质却是快乐的毒品，也就是说"财富可以带来快乐，想拥有财富却让人不快乐"。因为极少有人能达到期望的物质目标，无论亲情和友情才是永恒的。

3. 西方的科学家曾经进行了一项高达 10 年的心理研究，发现金钱对人的心理确实有影响。

四、选词填空。

达到　　超过　　不到　　平均　　共有

以……的速度增加 / 递减　　长 / 高 / 多达

从 1989 年到 2002 年，中国百姓的生活发生了很大的变化，城乡居民储蓄存款余额在 1989 年年底为 5000 亿元，2002 年（　　）80000 亿元；人口（　　）预期寿命，也从 1990 年的 68.55 岁上升到 2000 年的 71.40 岁；人均粮食消费量，20 世纪 80 年代为 145 公斤，20 世纪 90 年代为 88 公斤，平均每年（　　）5.7 公斤（　　）。

五、阅读课文，选择正确答案。

（1）"正如社会上流行的说法：商场如战场。"这句话在文中所起的作用是：

————

    A. 概括整篇文章的意思。

    B. 表明作者不同的意见。

    C. 是文章的开头。

    D. 提出论点。

（2）文章中没有提到的"苹果"和"三星"对簿公堂的国家是：_____

A. 英国。

B. 韩国。

C. 中国。

D. 德国。

（3）第二、三、四自然段在文中的作用是：_____

A. 过渡。

B. 论点。

C. 论据。

D. 分析原因。

（4）"也许那些批评人士说得不错：商业活动就是一场以其他方式进行的战争，是一种激烈又混乱的竞赛，在这场战争中只有那些极富攻击力的选手才会获取大大的回报。"这句话在文章中的作用是：_____

A. 结论。

B. 文章中的过渡。

C. 导言。

D. 引出论据。

（5）"与此同时，竞争对手们则像贪婪的秃鹫般围着公司打转，这种遭遇的确不是胆小之人所能承受得了的"这句话中，"与此同时"的"此"是指：

_____

A. 高层管理人员为职责、头衔、奖金乃至停车位争吵得不可开交。

B. 公司的创建者们为争夺公司股权而争吵不休。

C. 企业内部各部门与分支机构之间为争夺资源而相互倾轧。

D. 企业雇员忙着起诉企业，管理人员忙着解雇员工和处置资产，银行家们在加强资金安全，债主们要求取得对货物的所有权，企业的客户们拒不支付所拖欠的款项。

课后写作

　　学习本篇课文的写作方法，写一篇立论文章。可以是针对财经领域或社会生活方面的，尽量脱离写作模板，列出写作提纲，自己写作。

_____

_____

_____

_____

_____

_____

_____

_____

_____

_____

_____

_____

_____

_____

第五单元 经济短论

UNIT **5**

课前预习

1. 本篇课文论点的提出有什么特点?

2. 作者提出的论点是什么? 围绕论点的论据有哪些?

第十五课

互联网金融不会取代传统银行

词汇解释

趋势	qū shì	表示事物发展的方向。
权威	quán wēi	在本课中的意思是令人信服。
贷款	dài kuǎn	是银行或其他金融机构按一定利率和必须归还等条件出借货币资金的一种信用活动形式。
在线	zài xiàn	在本课中指的是电脑处于网络连接状态。
偏颇	piān pō	不公平、不公正。

课文分析

文章开头部分

随着互联网技术在银行业的应用，银行客户纷纷从传统银行的柜台服务转向手机银行、网络银行服务，而且这样的**趋势**越来越明显。面对余额宝、理财通、百发等互联网金融产品销售的火热局面，"互联网金融"也越来越成为中国的一个热门话题。对"互联网金融"，目前还没有一个清晰而**权威**的定义，它主要有三种表现形式：支付行业、网络**贷款**行业、互联网平台公司针对其平台上的商户和个人所推出的金融服务。甚至很多人认为在不久的将来，互联网金融会完全取代传统的银行。互联网金融真的会完全取代传统的银行吗？对于这样的说法我并不同意，客观地说，互联网金融并不能完全取代传统的银行业。

阅读指导

1. 文章开头部分的主要内容是什么？

2.本篇文章的开头在驳论文中起到了什么作用?

▶相关句型

对于……的说法我并不同意,……

文章中间部分

首先,互联网对传统银行业务的冲击有多大,同时带来的机遇就有多大。1995年美国就诞生了第一家完全**在线**的互联网银行,当时也有不少人预测:互联网将颠覆整个银行业。但20多年过去了,我们看到的是互联网企业在积极进入银行业的同时,传统银行也展现出了超强的适应能力,双方形成了既竞争又合作的局面。传统银行可以借鉴IT企业在客户、渠道、技术、平台等方面的经验,再加上自身的金融积累,具备强大的后发优势。互联网金融之所以得以迅速发展,归根结底还是得益于用户的满意度。因此,传统银行应该从经营理念上,逐渐实现由"产品中心主义"向"客户中心主义"的转变。加快转变服务意识,摒弃原有的推销模式和经营模式,对客户进行细分,使客户可以在众多的移动金融服务中进行个性选择与灵活下载。总之,来自互联网金融的冲击,也给传统银行带来了一次自我革新与自我发展的机会。

▶阅读指导

这一自然段中提出的论据是什么?

▶相关句型

……有多大,同时……就有多大。

其次,互联网金融不可能完全替代传统银行的优势。互联网金融的优势在于拥有电子商务的平台,拥有客户的交易信息,还能控制网商的账户。这使它在风险管理控制和信息挖掘方面更强,但这些服务仅局限于线上客户,对线下客户则没有这种优势。另外,从安全性上说,传统银行具有更强的安全壁垒。而互联网金融的风险控制能力则明显弱于传统银行，从而无法提供大额复杂的融资方案。当客户要完成线下存取款、支票或大额支付业务时，则需要依赖传统银行的支付结算系统以确保资金的绝对安全。

阅读指导

这一自然段中提出的论据是什么？

相关句型

这使它在……方面更……，但……

再次，互联网金融模式仍处于探索阶段，并不能完全成为一种独立的新兴行业。目前，互联网金融仍是传统金融的一个补充，实现所有金融业务完全在网上进行，至今还没有一个成功的模式。今天推出的互联网金融产品，其实都是与金融机构的合作，比如，余额宝就是与天弘基金合作，互联网更像是一个销售平台，产品都是金融机构的。这个销售平台销售的产品仍然仅限于货币基金，股票基金能够销售得好，才说明这个平台具有真正的理财功能。然而，就目前而言，互联网金融的基金销售量未必能够战胜传统的银行渠道。

阅读指导

这一自然段中提出的论据是什么？

相关句型

目前，……仍是……，实现……，至今还没有……

文章结尾部分

可见，认为在不久的将来，互联网金融会完全取代传统银行的观点是有所偏颇的。客观、正确地认识互联网金融与传统银行之间的关系，对于两者未来的发展都将产生更为积极的影响。

第
十
五
课
互
联
网
金
融
不
会
取
代
传
统
银
行

阅读指导

文章结尾部分写了什么？

相关句型

可见，……，……的观点是有所偏颇的。

阅读总结

在教师的指导下，与你的同桌讨论本课的写作方法，列出本课的写作提纲。

 **要点讲解**

一、驳论

驳论是通过驳斥错误论点来确立自己论点的一种常用议论方式。驳论的方式很多，最常见的是驳论点。驳论点就是直接摆出对方错误的论点，然后针对这个论点用正确的道理和确凿的事实指出其错误和荒谬，从而直接驳倒论点。如在这篇文章中，作者对"互联网金融会取代传统的银行"这一论点提出相反的看法，分别用"互联网对传统银行业务的冲击有多大，同时带来的机遇就有多大；互联网金融不可能完全替代传统银行的优势；互联网金融模式仍在探索阶段，并不能完全成为一种独立的新兴行业"三个论据进行论证，以证明"互联网金融并不能完全取代传统银行"这一观点。

二、汉语中表达数量的用法（3）：表示概数的常用词语

概数只是大概的数目，并不表示精确的数字，常用以下的词语表示：

1. 大约

例如

1）从这里到附近的电影院大约要走 20 分钟。

2）你们大约要用多长时间完成这项工作？

2. 约有

例如

1）2000 年我国城镇居民每百户拥有自行车约 162.72 辆。

2）这两个学校之间的距离约有 10 公里。

3. ……以上

例如

1）今年我们村的粮食产量在 12 万公斤以上。

2）你的各科平均成绩已经达到 80 分以上。

4. ……以下

例如

1）他们估计这个月产品的不合格率已经控制在 2% 以下。

2）这种病的爆发率已控制在 20% 以下。

5. ……多

例如

1）这个国家有 200 多年的历史。

2）他一去日本就是两年多。

6. ……来

例如

1）他很瘦，也就 100 来斤。

2）他们两个人已有 20 来年没联系了。

7. ……左右

例如

1）有 60% 左右的留学生是韩国人。

2）这家公司 80% 左右的员工来自农村。

三、设问与反问的运用

1. 设问

设问可以提醒注意，启发读者进一步思索。有时用在一段或一节文章的开头或结尾，能起到提起话题或过渡的作用。

例如

但笔者在这里提出这么个问题：我们中国有将近 5 亿辆自行车，这么贵的自行车有几辆？

没有。

2. 反问

反问不是提问题，而是把要表达的意思包含在问话里，有加强语气的作用。

例如

互联网金融真的会完全取代传统的银行吗？

课堂读写练习

一、阅读下面的文字材料，使用所给出的写作模板将文字材料整理成 200 字左右的驳论文章。

写作材料

20 年以前，我写信给我远在 1000 公里以外的朋友，告诉他我的一切。

10 年以前，我打电话给我的朋友，告诉他我对工作的部分想法。

今天，我发 E-mail 给我的隔壁邻居（也是我的好朋友），告诉他——有一个小偷正在他家的阳台上撬锁。

20 年以前，见面爱问："您吃了吗？"

10 年以前，见面爱问："您发了吗？"

今天，见面爱问："您上网了吗？"

以上的这些文字都清楚地告诉我们：随着时间的推移，不知不觉之间我们已经进入一个网络的时代。网络正在改变着我们的生活。从前人们是天涯海角各一方，而今人们却可以凭借网络千里相会；从前即使是近在眼前，人们也是老死不相往来，而今人们却可以千里姻缘一网牵。网络的出现使人与人之间除了正面交谈以外，还多了一种通信渠道。它的出现让人们的关心产生了质与量的改变，使人们之间的关系更加亲近。这一点从大的方面说，指的是使全球的人类减少了隔阂，增加了了解；从小的方面说，它指的是人与人之间从无到有、从浅到深的一种情感转变。种种现象表明：网络正在使我们变得越来越亲近。因为，第一，网络的出现，使人们便于沟通。无论是文教还是科技，所有资讯，都可以在网上快速流通。医学专家可以通过网络为患者作出友善的共同努力。从华东水灾到印尼华人惨案，再到科索沃危机，全球的人类都可以通过网络发扬互助友爱的精神，互表关怀，在个人联系方面，网络让人类减少了时空的限制，让人类可以自由加强个人联系。比如现在，我们虽然留学在外，但是却可以在很短的时间里和家人取得联系。第二，网络提供了广大的交流空间，让人们呼朋唤友，不同阶层和职业的人们都可以在网上寻找到知音。第三，网络为人际关系创造了新的基础。现代城市生活已迫使我们失去了一些人与人之间的真情，网上的交流帮助人们跨越彼此心灵上的时空，缩短了人与人之间交往的时空距离。站在历史的交接点上，我们回首过去，看到网络就是让人们更加亲近，更加熟识，而我们展望未来还可以看到人类将与网络更加亲近。

写作模板（驳论的写作方式）

（文章开头 1）

对_____（现象的名称），有人认为是_____ / 很多人持这样的观点_____，/ 有人说_____。我_____ / 我不同意这种观点 / 其实这是一种错误的想法 / 事实证明这是很片面的。（提出论点）

（文章开头 2）

很多人认为_____。对于这样的说法我并不同意,客观地说,_____。（提出论点）

（文章中间部分 1）

首先 / 第一 / 一_____。比如 / 例如_____。

另外 / 其次 / 第二 / 二_____。我们不妨举个例子帮助说明：_____。

再次 / 第三 / 三_____，我就经历过这样一件事：_____。

最后_____。

（文章中间部分 2）

一般来说,_____ / 下面我来解释一下为什么要_____ / 当你_____的时候，你是否会_____呢？/ _____曾指出"_____"。/ 俗话说:"_____。"生活中这样的例子很多 / 现在还是让我们来看一个例子吧。

（文章的结尾）

由此可见，只有_____才会_____。/ 可见,_____的观点是不正确的，_____。/ 总之，我们支持_____反对_____。/ 综上所述，

_____和_____的_____，归根结底是_____，_____也就是因为_____。

写作指导：

1. 文章的题目。除了下面给出的文章题目外，你还能想出别的吗？注意你的题目要能够体现出驳论文章的特点。请将你选定的题目写到稿纸的正确位置。

    A. 网络使我们之间的距离越来越遥远 _____

    B. _____

    C. _____

    D. _____

    E. _____

2. 文章的开头。写作材料中作者的观点是什么，针对作者的观点提出反驳，确立你的驳论论点，然后从所给出的两种模板的开头方式中选择一种，你也可以把几种开头的方式综合在一起使用。选择模板中对你有用的表达，有一些句子可以不要。例如：

_____，然而，_____吗？这是一个一直在_____、_____、_____中引起争论的问题，而且众说纷纭，莫衷一是。我不同意这种观点。

3. 文章的中间部分。针对写作材料的观点，提出你反驳的论据。选择模板提供的议论方式完成写作任务。例如：

    首先，_____。比如 / 例如_____。

    其次，_____。我们不妨举个例子帮助说明：_____。

    再次，_____。我就经历过这样一件事：_____。

    最后，_____。

4. 文章的结论部分。把你的观点再总结一下，参照模板写结论。

二、请用猜词法猜出下面黑体部分词语的意思。

（1）面对余额宝、理财通、百发等互联网金融产品销售的火热局面，"互联网金融"也越来越成为中国的一个**热门**话题。

热门：

（2）1995 年美国就诞生了第一家完全在线的互联网银行，当时也有不少人预测：互联网将**颠覆**整个银行业。

颠覆：

（3）互联网金融的**优势**在于拥有电子商务的平台，拥有客户的交易信息，还能控制网商的账户。

优势：

（4）再次，互联网金融模式仍处于**探索**阶段，并不能完全成为一种独立的新兴行业。

探索：

（5）目前，互联网金融仍是传统金融的一个补充，实现所有金融业务完全在网上进行，至今还没有一个成功的**模式**。

模式：

三、把下列句子改为反问句。

（1）我早就写信告诉你了，你应该知道。

（2）我们都已经是大学生了，别把我们当小孩子看。

（3）他诚心诚意向你表示歉意，你也要改变对他的态度。

（4）这个问题我已经说过了，我不想再说第二遍了。

（5）是你犯的错误还是应该改正。

四、选择适当的词语填空。

消费、消耗　　品质、性质　　开发、开展　　需求、要求　　自豪、自觉

（1）因为你是这个学校的学生，你就应该（　　　）遵守学校的规章制度。

（2）这种日常（　　　）品，在这个超市里就可以买到。

（3）考试时，一定要看清题目的（　　　）再做。

（4）这两个问题的（　　　）不一样。

（5）现在，全社会都在（　　　）全民健身运动。

五、阅读课文，选择正确答案。

（1）"甚至很多人认为在不久的将来，互联网金融会完全取代传统的银行。对于这样的说法我并不同意，客观地说，互联网金融并不能完全取代传统银行业。"这句话在文中所起的作用是：_____

    A. 概括整篇文章的意思。

    B. 论证。

    C. 是文章的开头。

    D. 提出反驳的论点。

（2）在"因此，传统银行应该从经营理念上，逐渐实现由'产品中心主义'向'客户中心主义'的转变"这句话中，"此"是指：_____

    A. 互联网企业在积极进入银行业的同时，传统银行也展现出了超强的适应能力。

B.互联网将颠覆整个银行业。

C.互联网对传统银行业务的冲击有多大，同时带来的机遇就有多大。

D.互联网金融之所以得以迅速发展，归根结底还是得益于用户的满意度。

（3）第二、三、四自然段在文中的作用是：_____

A.进行过渡。

B.论点。

C.总结。

D.进行论证。

（4）以下关于互联网金融的说法哪一项是正确的：_____

A.互联网金融的风险控制能力明显强于传统银行。

B.互联网金融模式已经完全成为一种独立的新兴行业。

C.今天推出的互联网金融产品，其实都是与金融机构的合作。

D.互联网作为一个销售平台，销售的产品既包括货币基金也包括股票基金。

（5）"可见，认为在不久的将来，互联网金融会完全取代传统银行的观点是有所偏颇的。"这句话在文章中的作用是：_____

A.论据。

B.文章中的过渡。

C.结论。

D.论证。

课后写作

学习本课的写作方法，写一篇驳论文章，可以选择经济现象或社会现象作为写作对象。尽量脱离写作模板，列出写作提纲，自己写作。

单元写作练习

商务交际书信·道歉信的写法

一、关于道歉信

（1）道歉信在现代商业社会中是比较常见的一种。当商业单位因为工作上的失误或一些不可抗因素给对方造成了损失和不愉快时，道歉信是解决公关危机的方式之一。道歉信可以是写给对方公司的，也可以是针对消费者的，可以在报纸等媒体上发表，也可以直接送交对方。

（2）写道歉信的目的是为了赔礼道歉、消除误解，增进和对方的友情和信任。因此道歉信一定要及时，语气要诚恳，要说明造成对方不愉快和损失的原因，并提出相应的解决措施。

（3）一封道歉信一般应包括标题、称谓、正文、落款几项内容。"标题"要写明"道歉信或 ×× 致 ×× 的道歉信"；"称谓"写明"（尊敬的）××× 先生 / 女士"或直接写公司或单位的名字；"正文"部分包括"道歉、说明原因和处理的具体措施、再次表示道歉"；"落款"包括"道歉信发出者的姓名或单位名称、道歉信写作或发出的日期"。

二、"道歉信"范文

道 歉 信

尊敬的亚田公司客户：（顶格写，注意使用敬语）

我公司对因技术原因给客户造成的损失深表歉意！（致歉，前空两格）

今年 1 月，我公司收到部分客户的反馈，提出对 2010 年生产的 XQ201 型轿车刹车灵敏性的质疑。经我公司技术专家组的反复检验，发现这批轿车的刹车确实存在问题。这是因为我们在技术设计中没有充分地考虑轿车在应用中可能出现的特殊情况。（说明事件及产生的原因，另起一行，前空两格）

　　鉴于以上原因带给客户的不便，我公司决定采取以下措施：一、召回全部2010 年产 XQ201 型轿车；二、对这批轿车进行技术检修，使刹车达到应达到的技术指标。并引以为戒，认真进行技术把关，杜绝类似情况发生；三、对使用XQ201 型轿车受损失的客户，本公司负责经济补偿。（说明处理事件的具体措施，另起一行，前空两格）

　　我公司再次向购买 XQ201 型轿车的客户道歉，希望这次不愉快不会影响到客户对我公司的一贯信任。（再次道歉，另起一行，前空两格）

　　　　　　汽田汽车有限公司中国分公司（道歉信发出者的姓名或单位名称）
　　　　　　　　　　2011 年 2 月 15 日（道歉信写作或发出的日期）

三、道歉信写作模板

　　　　　　　　　　　＿＿＿＿（标题）

尊敬的 ×××先生 / 女士 / 直接写公司的名字：

　　×××（公司的名字）/ 我公司 / 我方对因＿＿＿＿＿＿给贵公司 / 贵方 / 直接写公司的名字带来的损失 / 造成的不便（深）表（示）歉意！

　　＿＿＿＿＿＿＿（说明具体事件）。出现这样的问题是因为＿＿＿＿＿＿＿（解释事件发生的具体原因）。

　　针对这次事件 / 鉴于以上原因带给客户的不便 / 造成的客户的损失，我公司决定采取以下措施：＿＿＿＿＿＿＿＿＿＿＿＿（一、二、三……）（具体处理的方法）。

　　我公司再次向贵方 / ×××（公司的名字）道歉，希望这次的不愉快不会影响我们之间的合作。

　　　　　　　×××公司 / ×××（公司具体负责人的姓名）
　　　　　　　　　　× 年 × 月 × 日

四、写作任务

使用道歉信的写作模板写一封道歉信。

五、写作指导

（1）把你想到的需要道歉的事件叙述一下，讲给同学听。注意事件发生的时间、地点，你的道歉信要及时，应该是在事件发生不久以后。

（2）拿一张纸，把事件发生的原因和要采取的措施整理一下。要注意分清原因是主观原因还是不可抗拒的客观原因。采取的措施要具体明确，要有助于修复商业单位的形象。

（3）先在老师的带领下完成以下句型的造句练习，再完成写作任务。

①……对因……给……带来的……（深）表（示）歉意。

② 出现这样的问题是因为……

③ 我公司再次向……道歉，希望……不会……

附录1　生词总表

A

爱不释手（ài bú shì shǒu）

B

不妥（bù tuǒ）

并购（bìng gòu）

抱怨（bào yuàn）

白薯（bái shǔ）

不同凡响（bù tóng fán xiǎng）

并驾齐驱（bìng jià qí qū）

拜访（bài fǎng）

避免（bì miǎn）

摒弃（bìng qì）

别出心裁（bié chū xīn cái）

不惜代价（bù xī dài jià）

不厌其烦（bú yàn qí fán）

不遗余力（bù yí yú lì）

飙升（biāo shēng）

濒临（bīn lín）

C

辞职（cí zhí）

从容（cóng róng）

赤字（chì zì）

产业（chǎn yè）

促销（cù xiāo）

筹集（chóu jí）

撤出（chè chū）

持之以恒（chí zhī yǐ héng）

惨淡（cǎn dàn）

D

栋梁之才（dòng liáng zhī cái）

呆板（dāi bǎn）

缔造者（dì zào zhě）

抵制（dǐ zhì）

大庭广众（dà tíng guǎng zhòng）

对簿公堂（duì bù gōng táng）

贷款（dài kuǎn）

F

反响（fǎn xiǎng）

非关税壁垒（fēi guān shuì bì lěi）

丰厚（fēng hòu）

发烧友（fā shāo yǒu）

富丽堂皇（fù lì táng huáng）

繁荣富强（fán róng fù qiáng）

敷（fū）

风靡（fēng mǐ）

妨碍（fáng ài）

仿效（fǎng xiào）

副作用（fù zuò yòng）

翻番（fān fān）

G

功成名就（gōng chéng míng jiù）

股酬（gǔ chóu）

改良（gǎi liáng）

根深蒂固（gēn shēn dì gù）

H

回扣（huí kòu）

火上浇油（huǒ shàng jiāo yóu）

J

净土（jìng tǔ）

巨头（jù tóu）

骄子（jiāo zǐ）

接轨（jiē guǐ）

尖兵（jiān bīng）

跻身（jī shēn）

加剧（jiā jù）

金融衍生产品（jīn róng yǎn shēng

chǎn pǐn）

急功近利（jí gōng jìn lì）

窘境（jiǒng jìng）

激活（jī huó）

沮丧（jǔ sàng）

K

课题（kè tí）

跨国公司（kuà guó gōng sī）

开辟（kāi pì）

库存（kù cún）

宽容（kuān róng）

困惑（kùn huò）

L

论资排辈（lùn zī pái bèi）

琳琅满目（lín láng mǎn mù）

零食（líng shí）

淋漓尽致（lín lí jìn zhì）

零售企业（líng shòu qǐ yè）

量入为出（liàng rù wéi chū）

劳动号子（láo dòng hào zi）

勒索（lè suǒ）

M

貌不惊人（mào bù jīng rén）

明示（míng shì）

莫名其妙（mò míng qí miào）

绵长（mián cháng）

蔓延（màn yán）

磨合（mó hé）

免疫力（miǎn yì lì）

N

逆向（nì xiàng）

凝聚（níng jù）

逆转（nì zhuǎn）

P

品牌（pǐn pái）

排他性（pái tā xìng）

平庸（píng yōng）

破烂不堪（pò làn bù kān）

品质（pǐn zhì）

疲软（pí ruǎn）

剽窃（piāo qiè）

偏颇（piān pō）

Q

谦和（qiān hé）

纤夫（qiàn fū）

强势（qiáng shì）

趋势（qū shì）

权威（quán wēi）

R

如获至宝（rú huò zhì bǎo）

热衷（rè zhōng）

S

市价（shì jià）

释放（shì fàng）

深明大义（shēn míng dà yì）

适销对路（shì xiāo duì lù）

世界贸易组织（shì jiè mào yì zǔ zhī）

时尚（shí shàng）

试点（shì diǎn）

上市（shàng shì）

失落感（shī luò gǎn）

瞬息万变（shùn xī wàn biàn）

色泽（sè zé）

渗透（shèn tòu）

拭目以待（shì mù yǐ dài）

声名赫赫（shēng míng hè hè）

索取（suǒ qǔ）

T

统帅（tǒng shuài）

拓展（tuò zhǎn）

跳槽（tiào cáo）

投机钻营（tóu jī zuān yíng）

土生土长（tǔ shēng tǔ zhǎng）

体无完肤（tǐ wú wán fū）

颓废（tuí fèi）

坦陈（tǎn chén）

W

威胁（wēi xié）

我行我素（wǒ xíng wǒ sù）

吻合（wěn hé）

无可匹敌（wú kě pǐ dí）

无可救药（wú kě jiù yào）

无与伦比（wú yǔ lún bǐ）

危机（wēi jī）

网购（wǎng gòu）

X

稀疏（xī shū）

销售渠道（xiāo shòu qú dào）

嬉皮士（xī pí shì）

下属（xià shǔ）

熏染（xūn rǎn）

欣喜若狂（xīn xǐ ruò kuáng）

笑逐颜开（xiào zhú yán kāi）

信念（xìn niàn）

相形见绌（xiāng xíng jiàn chù）

心浮气躁（xīn fú qì zào）

循序渐进（xún xù jiàn jìn）

休会（xiū huì）

相互倾轧（xiāng hù qīng yà）

Y

言之有理（yán zhī yǒu lǐ）

优势互补（yōu shì hù bǔ）

运抵（yùn dǐ）

英雄出少年（yīng xióng chū shào nián）

耀眼（yào yǎn）

业绩（yè jì）

仰慕（yǎng mù）

义不容辞（yì bù róng cí）

一呼百应（yì hū bǎi yìng）

有朝一日（yǒu zhāo yí rì）

应运而生（yìng yùn ér shēng）

营造（yíng zào）

意料不到（yì liào bú dào）

一鸣惊人（yì míng jīng rén）

与众不同（yǔ zhòng bù tóng）

有据可查（yǒu jù kě chá）

涌现（yǒng xiàn）

蕴含（yùn hán）

原产地（yuán chǎn dì）

易耗品（yì hào pǐn）

诱惑（yòu huò）

舆论（yú lùn）

谣言（yáo yán）

油光锃亮（yóuguāng zèng liàng）

亦步亦趋（yì bù yì qū）

Z

哲理（zhé lǐ）

昭示（zhāo shì）

卓越（zhuó yuè）

资本（zī běn）

攒（zǎn）

蒸蒸日上（zhēng zhēng rì shàng）

追溯（zhuī sù）

资深（zī shēn）

遵循（zūn xún）

置若罔闻（zhì ruò wǎng wén）

转嫁（zhuǎn jià）

折扣（zhé kòu）

智慧（zhì huì）

在线（zài xiàn）

附录2 练习答案

第一单元 人物描写

第一课 通用之神杰克·韦尔奇

二、将下列词语按正确的语序进行排列。

1. 他工作非常努力，对每件事都完成得很出色。

2. 北京成为一座城市，大概有三千年的历史了。

3. 我们按原计划去五台山。

4. 我们很幸运能到山上享受清新的空气。

5. 我们参观位于北京市中心的天安门广场。

三、给下面两段话加上标点。

1. 看上去我们像是给树枝帮了个小忙（，）但不知是否越帮越忙呢（？）下到山脚下（，）雪人已堆好（。）圆圆的头上插着一小撮松叶（，）眼（、）鼻（、）嘴由树枝组成（。）雪人像披上了披肩静静地眺望着远方（。）

2. 两千年前的巨大工程——万里长城（，）在北京郊外绵延数百里（，）是中国古代一项伟大的建筑工程（。）在浓浓的秋色中（，）看一看如诗如画的长城景致（，）真是美的享受啊（！）

四、阅读课文，选择正确的答案。

1. C　2. C　3. A　4. B　5. B

第二课 海尔 CEO 张瑞敏

二、将下列几段话分别加上正确的标点符号。

1. 为了争取某种平衡（，）墨西哥政府和许多民间组织开始有意识地实施

（"）文化战略（"）（。）据（《）纽约时报（》）最近发表的有关署名文章披露（：）墨西哥古代文化已经在美国产生比较大的影响（。）

2. 所谓（"）电子政府（"）（，）简单地说（，）就是政府行政手续电子化（。）即在网上开展审批（、）申报备案（、）年检（、）注册等（，）实现无纸化办公（。）两年过去了（，）其（"）电子政府（"）进展如何（？）推行过程中应注意什么（？）为此，我们采访了日本 IT 战略本部。

四、下列每一小段话，一般都由四个句子组成，每句话下面都画有一条横线，并标注有 A、B、C、D 四个字母，其中只有一个画线的部分表达有错误，请你挑出来。

1. B　2. A　3. A　4. A　5. D

五、阅读课文，选择正确的答案。

1. A　2. C　3. A　4. B　5. B

第三课　盖茨与乔布斯

三、给下面的句子填上恰当的补语。

1. 阳光火一般地喷（下来），我热得气都喘不过来。

2. 树上掉（下）一个苹果。

3. 老李找（到）了他的同学，找好了住处。

4. 我们左右张望了（一下），想从左边出去。

5. 给我拿支铅笔（来）。

6. 我在八百里之外，就闻（到）香味了。

7. 我们走（进）了李老师的画室。

五、选词填空。

1. 通过不断地努力，他们终于（开辟）出一片新天地。

2.（开展）这项体育活动，有助于学生的身体健康。

3.这份工作报酬（丰厚），吸引了不少人。

4.这家饭馆的菜，品种（丰富），大家都愿意去那里吃饭。

5.大家学习都很努力，如果你不加油，很难（超越）别人。

6.在这场比赛中，他一直是处于（下风），看来他是一定要输了。

7.上课要注意听讲，不要（分散）注意力。

8.中国是个（资源）丰富的国家。

六、阅读课文，选择正确的答案。

1. D　　2. B　　3. D　　4. C　　5.C

第四课　你所不知道的京城外企白领

二、请在下面一段话中合适的位置分别填上"的""地""得"，并指出它们前后的句子成分。

由于与同学约好去爬山，因此即使是周六我也如同上课一样早早起来了。当我睡眼朦胧（地）走向洗手间时，一名韩国同学迈着轻快（的）脚步迎面走来。"你早！"我向他问好。他笑（得）十分开心，说："下雪啦！"说着便匆匆（地）跑下楼去了。他那声音里透着欢快、激情。我也顿时睡意全消，赶忙向窗外眺望，雪纷纷扬扬（地）飘落下来，洒满大地，望着银白（的）校园，人们真不知道哪是路、哪是草地，只觉（得）校园很静、很美、很纯。

三、给括号里的词选择恰当的位置。

1.C　　2.C　　3.B　　4.C　　5.D　　6.C

四、改正下面句子中的错误，并说明原因。

1.这次留学，是我第二次到中国。

2.韩国的首都首尔是韩国政治、经济、文化的中心。

3.我正看着电视呢，你自己去吧。

4.下一步要考虑的就是上哪儿去好呢？

5.发令员高高地把旗子举过头顶，比赛开始了，他跑得最快，得了第一名。

五、请从下列给出的词语里选择合适的词替代句中画线的部分。

1. 我们　2. 大家 / 大伙　3. 你们

4. 这群人 / 这伙人 / 这帮人　5. 他们

七、阅读课文，选择正确的答案。

1. B　2. C　3. C　4. C　5. D

第二单元　叙　事

第五课　可口可乐创业传奇

二、选择下列表示时间的词语给下面一段话填空。

（某一天），查尔斯发现他有些想家，于是给老同学贝拉打了个电话，问他是否能允许他在他家待上（一周）。贝拉是个热心人，他们已有（好长时间）没见面了。查尔斯（马上）带着所有的东西和一包脏衣服到了贝拉的家。（几分钟后），客厅（立刻）成了单身汉的窝，（一个月）后，查尔斯还没有离开，他分明是把这儿当成了一个理想的食宿地。

三、根据课文中的上下文，在 A、B、C、D 四个选项中，选择与句中画线词语意思相近的一个。

1. B　2. B　3. A　4. B　5. B

四、阅读课文选择正确答案。

1. D　2. C　3. C　4. D　5. D

第六课　金莎巧克力 —— 一个突破常规的故事

二、用所给出的量词填空。

1. 看了三（回）　　　　2. 一（只）鸟

3. 两（个）班　　　　4. 四（根）木棍

5. 几（件）衣服　　　6. 这（本）书

7. 一（块）蛋糕　　　8. 一（双）袜子

9. 一（副）对联　　　10. 一（阵）疼痛

11. 复习了几（遍）　　12. 白跑一（趟）

13. 一（队）人马　　　14. 一（群）孩子

三、改正下面句子中搭配不恰当的词。

1. 上学期他有两门功课考得不好。

2. 这是一件不错的上衣。

3. 那是一本好看的书。

4. 为了这件事，他跑了好几趟。

5. 开市人大代表大会时，他们两个人又在一个小组里讨论。

6. 为了买一双合适的鞋，小张跑了好几个商店。

六、阅读课文，选择正确答案。

1. D　2. C　3. C　4. C　5. C

第七课　阿迪达斯的忧伤

三、改正下面句子中的错误。

1. 最后决定，小王和小李一起去听音乐会。

2. 你们两个人中必须有一个人回国，你或他。

3. 他生怕我没听清或不注意，所以又嘱咐了一句。

4. 这本书或者你先看，或者我先看。

5. 在一个国家的发展中，工业和农业都很重要。

四、选择恰当的词语填空。

1. 这种牌子的电脑在中国市场上的<u>销量</u>一直很好。

2. 你一定要小心，这是一笔<u>数量</u>相当大的现金。

3. 由于这种产品<u>质量</u>好，所以很受欢迎。

4. 今年雨水太少了，所以庄稼的<u>产量</u>受到严重影响。

1. 我能不能<u>占用</u>你一点时间，请你把这个问题给我好好谈谈。

2. 敌人的兵力太强了，所以一直<u>占领</u>着这一带地区。

3. 这种产品长期以来一直<u>占据</u>着空调市场的领先地位，靠的是质量的保证。

1. 他工作学习都非常<u>投入</u>，因此取得了很大的成绩。

2. 经过三年的建设，新厂房终于顺利<u>投产</u>了。

3. 董事长非常重视这个项目，一次<u>投资</u> 5000 万美元。

1. 最近<u>发生</u>的一些事情让每个人都感到很吃惊。

2. 你的专业知识恰好是这个公司所需要的，如果你留下，可以<u>发挥</u>更大的作用。

3. 中国经济的<u>发展</u>速度很快，吸引了大量的海外投资。

1. 大家一起鼓掌<u>表示</u>欢迎。

2. 只要刻苦练习，你的汉语口头<u>表达</u>能力一定会提高。

3. 小立这个学期一直<u>表现</u>不错，按时上课，也比以前学习努力了。

五、阅读课文，选择正确的答案。

1. D　2. D　3. D　4. D　5. D　6. C

第三单元　说明性文章

第八课　沃尔玛百货有限公司

三、指出下面的句子哪些是被动句。

被动句（2、4、6）

五、选词填空。

海尔集团（创立于）1984 年，18 年来持续稳定（发展），已（成为）在海内外享有较高美誉的大型国际化企业集团。2002 年，(实现)全球营业额 723 亿元，（目前），海尔物流、商流、制造系统等都已在全球范围内向社会化转变。2002 年海尔创造新的资源又在家居、通信、软件、金融等（方面）大显身手。

六、阅读课文，选择正确答案。

1. C　2. D　3. D　4. B　5. C

第九课　中国绿茶

五、阅读课文，选择正确答案。

1. C　2. B　3. D　4. C　5. D

第四单元　分析性文章

第十课　全球金融危机的原因分析

三、选词填空，并试着用这些词写一段话。

（虽然）我已经去过好几次故宫了，（但是）我还想去，（而且）还想带几个朋友一起去。我们（先）打车到雍和宫（然后）坐地铁到天安门。

四、阅读课文，选择正确答案。

1. A　2. C　3. B　4. C　5. A　6. D

第十一课　对汽车产业进程加快的原因分析

三、选词填空。

据最新数据统计，这个公司出口美国的产品从去年的 1000 万上升（到）今年的 3000 万，增加了（2 倍）；出口法国的产品从去年的 5000 万下降（到）1000 万，减少了（80%）。

五、阅读课文，选择正确答案。

1. B　2. D　3. D　4. C　5. C

第十二课　雀巢的成功

二、选择正确的关联词填空。

1. 革新技术以后，（不但）加快了生产速度，（而且）提高了产品的质量。

2.（因为）他从小生长在农村，（所以）对农民有深厚的感情。

3.（无论）犯罪分子怎么变换手法，（也）逃脱不了人民的法网。

4. 人类（只有）解放思想，努力学习，（才）可以掌握更多的科学技术知识。

5.（如果）我们能克服前一时期学习上的一些困难，（那么）今后的困难也同样能克服。

四、阅读课文，选择正确答案。

1. C　2. D　3. D　4. D　5. C

第五单元　短　　论

第十三课　小鞋匠推动大公司

三、选词填空。

1. 注册这家公司需要一大笔（资金）。

2.（保卫）自己的祖国是每一个公民的责任。

3. 现在是非常时期，有情况要（如实）地向有关部门汇报。

4. 侵占一个国家的领土容易，但要（征服）一国人民的心却很难。

5. 这些食品和水是用来（维持）生命的。

6. 大家一定要（克服）困难，努力工作，争取今年取得更大的成绩。

7. 为了（保护）自然资源，我们每个人都要从我做起，节约使用身边的资源。

8. 这些都是公司的（资产），不是你个人的财产。

9. 你再（坚持）一下，马上就要到医院了。

10.（诚实）是一个人最可贵的品质。

五、阅读课文，选择正确答案。

1. C　2. C　3. D　4. C　5. A

第十四课　商场如战场

三、改正下列句子的错误。

1. 今天无论多忙，我都要去机场接我妹妹。她是第一次来北京，所以我很担心她会迷路。北京的路很整齐,我住在经贸大学,很容易找到。只要买一张地图,就能找到我住的地方。

2. 科学家们发现，如果飞来的财富可以带给人们快乐，那么崇尚物质却是快乐的毒品，也就是说"财富可以带来快乐，想拥有财富却让人不快乐"。因为极少有人能达到期望的物质目标，只有亲情和友情才是永恒的。

3. 西方的科学家曾经进行了一项长达 10 年的心理研究，发现金钱对人的心理确实有影响。

四、选词填空。

从 1989 年年到 2002 年，中国百姓的生活发生了很大的变化，城乡居民储蓄存款余额在 1989 年底为 5000 亿元，2002 年（达到）80000 亿元；人口（平均）预期寿命，也从 1990 年的 68.55 岁上升到 2000 年的 71.40 岁；人均粮食消费量，20 世纪 80 年代为 145 公斤,20 世纪 90 年代为 88 公斤,平均每年（以）5.7 公斤（的速度递减）。

五、阅读课文，选择正确答案。

1. D　2. C　3. C　4. A　5. D

第十五课　互联网金融不会取代传统银行

四、选择适当的词语填空。

1. 因为是这个学校的学生，你应该（自觉）遵守学校的规章制度。

2. 这种日常（消费）品，在这个超市里就可以买到。

3. 考试时，一定要看清题目的（要求）再做。

4. 这两个问题的（性质）不一样。

5. 现在，全社会都在（开展）全民健身运动。

五、阅读课文，选择正确答案。

1. D　2. D　3. D　4. C　5. C

附录3　资料出处

第 一 单 元

第一课《通用之神杰克·韦尔奇》改编杨澜:《通用之神韦尔奇》,载《海外文摘》,2001（11）。

第二课《海尔 CEO 张瑞敏》改编自王大军:《海尔:从"羊"到"狼"》,载《环球》2002（14）。

第四课《你所不知道的京城外企白领》改编自江鸿江《你所不知道的京城白领》,载《北京青年报》,2002-04-12。

第 五 单 元

第十三课《小鞋匠推动大公司》改编自红湖:《小鞋匠推动大公司》,载《读者》,2003（1）。